先方に伺って了承を得てきた?
誰がそんなことをしろと言った?
勝手なことをするな!
オレサマ上司
えでも
会議の前に言質《げんち》取っておかないと
言い訳するな
あ〜もう会議の時間だ
行くぞ
ちっ
…はい
舌打ち…
で 先方の了承は得たの?
あはい
さきほど責任者の方に直接…
直接お会いして言質取ったので大丈夫です!
はい?
行ったの私ですが

さすが！
いつも仕事が
速いわねぇ
恐れ入ります
…
みんなも
見習って
いつも
自分の手柄に
するんだよなぁ…
はー
ガタタン
今日も
疲れた…
会社
辞めたい…
ガタタン
ぐったり
何だその
態度は！
若造のくせに
生意気な！
は？
ぶつかってきたの
そっちだし
謝れよ
ジジイ
…
なんだと

タバコの銘柄もわかんないの？
それでも店員？
ナメてんの？
…
なんだか世の中オレサマワタクシサマばっかり
ぐりぐり
あーやだやだ
なんで毎日こんな…？
ギャー
ギャー
私が悪いの…？
あなたは悪くな〜〜い
え？

わ！え？何？
私はオレサマを研究している妖精です〜
ぽよよよ〜ん
妖精？
ってこんなかんじだっけ？
オレサマ相手に本気になってはダメですよ〜
思う壺《つぼ》ですよ〜
えっ
そうなの？
でもどうすれば・・・
それをこれから一緒に考えていきましょう〜
はいっページめくって！
はい！ぜひ！
←GO!!

カレサワのトリセツ

精神科医
和田秀樹
Hideki Wada

はじめに

パワハラとか、カスハラという言葉が当たり前に使われるようになりましたが、現実に、意味不明に偉そうにする人に悩まされている人は少なくないようです。

いまの時代の難しいところは、パワハラというと上司が部下に行うことが基本パターンのはずなのですが、「そんな言い方をするとパワハラで訴えますよ」というように、部下のほうも、企業のコンプライアンス意識の高まりを逆手にとって上司に偉そうな態度を取る人が珍しくなくなったこともあります。

ただ、本書で私が問題にする「オレサマ」というのは、簡単に態度を改めてくれません。というか、それが本人の心理的サバイバルの手段になっているので、手放すわけにいかないのです。

ということで、精神科医である私ができるアドバイスはというと、上手に逃げる、関わりをなるべく持たないということなのですが、それをうまくやるためにも、あるいはうまくいかなかったときに、こういうオレサマに対する不快感を少しでも楽にするためにも、オレサマの心理的背景とか、その行動や考え方のメカニズムや基本パターンについて、長年の精神科医としての経験や、私が学んできた心理学（とくに精神分析学）の立場から考えてみました。

そういう人の正体を知れば、すごく偉そうにされるとか、不快な思いをしているとかということがあっても、逆に可哀想《かわいそう》に思えるかもしれませんし、あなたのイライラが和らぐかもしれません。

もちろん、逃げるに越したことはないのですが、そうでなくても、少しは近寄り難さがとれることは期待できると思いました。

そういうことを願って、本書を書いたのです。

もう一つ怖いのは、このオレサマというのは、もちろん、異常レベルの人もいるのですが、もともとはふつうの人、むしろ善良な人がオレサマ化するということです。ということは、じつは、読者の方、あなたも、何かの拍子でオレサマになってしまうことがありえるということです。

それを避けるためにもオレサマの心理を知ることは、自分の身を守ることになると思います。

自分がオレサマになっても、気分がいい上に、正しいことをしている気になってしまうので、気がつかないことが多いのですが、知らない間に周囲に嫌われてしまうことになります。

そういう意味で、歳をとってからの孤立を避けるために、オレサマにならないことは大切なことです。

さらにいうと、中高年以降は脳の前頭葉という部分が縮んでくるので、感情のコントロールが利かず、オレサマ化しやすいのです。

そのために終章には、自分がオレサマにならないための心構えを書いておきました。

いずれにせよ、本書がなんらかの形で、読者の方々の気持ちを楽にするようなものになれば、著者として幸甚この上ありません。

和田秀樹

INDEX

序章
たった一人に
振り回されないために

人間関係の悩みは周囲にもわかってもらえない

わたしたちの悩みのほとんどは人間関係です。

それも身近な人との関係です。

会社を辞めるだけでなく、趣味や遊びのサークルから抜け出す、近所や学校のグループから離れるといったことでも、本当はもっと続けたいし自分がそこでやってみたいこともあるのに諦めます。もちろん残念です。決して仕事が厭《いや》になったわけではないし、やってみたいことが嫌いになったわけではないからです。

では、なぜ辞めたり諦めたりするのか？

身近なところに圧迫してくる人がいるから、というのが最も多いのではないでしょうか。向き合っているだけで、屈辱を覚えたり、怒りや不安を感じさせたりする人がいるからです。「あの人さえいなければ」と思わせるたった一人の人間に、わたしたちはしばしば振り回されてしまいます。

「あの人」は職場でしたら直属の上司、同じ部署の同僚や先輩です。ときには部下や後輩の場合もありますが、日常的に接しなければいけない人たちがほとんどです。

たとえばふだん接することのない社長や重役がどんなに横暴で社内の評判が悪くても、それが理由で会社を辞める人はあまりいません。

けれども毎日顔を合わせ、仕事のやり取りもあって連携しなければいけない身近な人間が、ことあるごとに攻撃的に振る舞ってくるとたいていの人は耐えられなくなります。

ところがそれを周囲の人はなかなかわかってくれません。たいてい「気にしなくていいよ」とか「あの人はそういう人だから」のひと言でおしまいです。

気の合う同僚や友人に打ち明けても同じような答えしか返ってきませんから、だんだん孤立感さえ生まれてきます。「わたしが悪いのかな」とか「我慢が足りないのかな」と自分を責めることすらあります。「誰にもわかってもらえない」と感じたときに、

「辞めるしかない」と思い込んでしまいます。

「あの人さえいなければ」という持って行き場のない怒りや悔しさも残ります。

たった一人に自分の人生を振り回されないために、わたしたちはどう考え、どう生きればいいのかというのが、この本のテーマになってきます。

オレサマが増殖している!? 時代

「オレサマ」と呼ばれる人たちがいます。

特定の相手や周囲に対して、つねに威圧的で優越的な態度を取る人たちです。こちらが少しでも反論すると力任せにねじ伏せようとします。

とにかく自分の非は認めず、相手を一方的に責めようとします。自分が勝たなければ気が済まないのです。些細《ささい》なこと、つまらないことでも勝ちにこだわってその場を制圧しようとします。

いつの時代にもそういうタイプの人間はいたはずですが、いまの世の中はかつてよりはるかにオレサマ人間が増えてきたという印象がないでしょうか。

たとえば電車の中で「バッグが触れた」「肩がぶつかった」「ヘッドホンの音がうるさい」といったぐらいの理由で乗客同士のケンカが始まります。いわば「電車オレサマ」ですが、これはまさにオレサマ同士のぶつかり合いでしょう。

妻に対して徹底的な服従を強いる「亭主オレサマ」。これは昔からいましたが、世間から見えにくいというだけで、相変わらず健在のようです。昔は亭主関白で通りましたが、今の時代は真剣に離婚を考える妻がいます。

レストランやコンビニのような接客業の現場で働く人に暴言を吐くとか、優越的な立場を見せつけるようなカスタマーハラスメント、いわゆるカスハラもオレサマ的な態度といえます。東京都やスーパーの業界団体などがカスハラを防ぐ対策に乗り出しているぐらいですから、問題は深刻です。

さらに最近増えてきたとされるのが「部下オレサマ」です。上司に対して部下のほうが逆に嫌がらせや脅しを加える「逆パワハラ」も職場に広まってきていると聞きます。かつてとは立場が逆転してしまい、心を病んで休職に追い込まれる上司も出ています。

経営者にも、威張り散らすワンマン社長がしばしば目につきます。聞く耳を持たない経営者で、しばしば暴走して企業イメージを急降下させます。いわば「社長オレサマ」でしょう。偉くなるとオレサマ化するというのは、これだけパワハラが認知されるようになっても組織の上層部や上司は相変わらずオレサマ化しやすいということでもあります。

そう考えるとたしかにオレサマは増えているような気もします。上を見ても下を見てもオレサマがいるし、隣にもいます。わたしたちが身近なオレサマに振り回されたり苦しめられたりすることもそれだけ増えているということです。

オレサマ相手に本気になってはいけません

あなたの身近な人で、ことあるごとに威圧的に向き合ってくる人も、オレサマの一人と考えてください。周囲や世間にはどんなに愛想よく振る舞っても、あなたや特定の人間にだけは横柄で攻撃的な態度を取ります。

「なぜ私にばかり」と思うと、自分が悪いのか、何か気に障《さわ》ることでも口にしたのかと悩んでしまいますが、それこそオレサマの思う壺《つぼ》です。オレサマの目的はあなたに勝つこと、あなたを凹《へこ》ませることですから、落ち込んでいる様子を見せればますます調子に乗ってあなたを責めてきます。

では腹を決めて戦えばどうなるでしょうか？

バーンと強く出てオレサマを叩けばどうなるでしょうか？

これはやめたほうがいいです。理由は二つあります。

一つは電車オレサマと同じであなたまで相手と同じレベルになり下がってしまいます。子どものケンカと変らないのです。勝たなきゃ気が済まないオレサマはあなたをつぶすためにどんな手を使ってくるかわかりません。ＳＮＳの時代ですから、あることないこと言いふらす可能性だってあります。

もう一つの理由は、あなたの代わりに別の誰かが犠牲になります。身近な人間にとにかく勝ちたい、勝たなければ気が済まない性格ですから、あなたがダメとなったら別の誰かをターゲットにします。本書の中でも説明していきますが、オレサマには自分より弱い人間を見つけだしてその人を叩かなければ気が済まないところがあるのです。そうすることでしか、自分の劣等感から抜け出せないということです。

だからオレサマ相手に本気になってはいけません。

オレサマはいつも身近な人間、しかも自分が勝てそうな人間を求めているのですから、わざわざ真正面から向き合う必要はないのです。そのあたりの距離感や構え方についても考えてみましょう。

オレサマは狭い範囲でしかオレサマ化しない

オレサマには狭い領土感覚しかありません。

基本的に自分に関わろうとしない人間にはオレサマも関わってこようとはしないのです。

わかりやすい例を挙げると「亭主オレサマ」です。どんなに妻の前では仏頂面で威張り散らしていても、一歩世間に出れば笑顔を振りまいて腰の低い「ご主人」になります。ご近所の集まりで「お宅のご主人、穏やかで優しそうで羨《うらや》ましい」と言われると、「どこが!?」と内心で舌打ちしたくなります。

あるいは子どもです。テレビを観ている子どもの前で夫婦が話していると「うるさい！」と怒鳴る子がいます。おやつにケーキをあげると「オレのだ」と言い張って、下のきょうだいには決して分けてあげません。母親が「美味しそうだね、一口ちょうだい」と言っても「オレのだ」と撥《は》ね退《の》けます。こういう「チビオレサマ」でも、教室では素直で聞き分けのいい子だったりします。

たぶん「電車オレサマ」も、勤め先では目立たなくて大人しい人間なのでしょう。あなたに対してオレサマ化する人も、他の人にはそこまで威張ったり見下したり、あるいは攻撃したりすることはありません。あなたが同僚に愚痴をこぼしても、「あの人、きつい性格だけど根はそんなに悪い人じゃないよ」とか「わたしもときどきぶつかるけど、いつもってわけじゃないし」とそれほど気にしていません。

そういう事情はたぶんあなたも気がついていると思います。

だからこそ、「なぜわたしにばかりきつく当たるのか」と悩んでしまいます。

ただオレサマの領地は狭いということだけは覚えておいたほうがいいです。オレサマにはどうしても守りたい領地・領域があって、そこに関わってくる人間に対してだけ威圧的になります。仕事でいえば自分の持ち場や権限の範囲、あるいは自分の権利や個性を徹底的に守ろうとするし、その範囲に入りこむ人間に対して自分の優位性を見せつけないと気が済まないところがあります。自分の領域や権利を侵されると思ったとたんに（往々にしてそれは思い込みに過ぎないのですが）、急にオレサマ化するのです。

いま、増えているのはこうしたタイプのオレサマ、つまり自分の権利意識を侵害されたと感じたときに急に強い言動をして威張りだす人たちではないでしょうか。

たとえば自分の人脈に自信を持っているオレサマに、あなたがうっかり「△さんなら私も知っている」と言ったりするとたちまち機嫌を悪くします。「△と私はもう10年来の知り合いだよ。偉そうなこと言わないで！」と攻撃してきます。

一度でも自分の領地・領域を侵害されると、あなたを徹底的に攻撃したくなるのが現代のオレサマの特徴なのです。

オレサマは小人物、だから余計に腹が立つ

そこで最初に確認しておきましょう。

身近なオレサマにどんなに攻撃されても、あるいは怒りを感じても、私たちは相手がコモノ、小人物だということに気がついています。

包容力もないしスケールの大きさもありません。周囲の尊敬を集めているわけでもないし、魅力的な個性の持ち主でもありません。大らかさもなければ大きな夢の持ち主でもありません。

全部逆です。

自分の立場に固執して権利を守るのに精一杯です。

ちっぽけなことで腹を立てたり、威圧したりしてきます。これといって夢中になっている世界もなさそうだし、将来の計画を大事に育てている様子もありません。

はっきり言えばその人の魅力を周囲が認めているわけでもありません。たとえ地位の高い人だとしても、尊敬されているわけではなく威張ることで周囲を従えているだけです。とにかく大物ではなく小物なのです。そういう小物に、なぜこんな目にあわされなければならないのかと思うから、余計に悔しくなってきます。

でも小物に振り回されているときのあなたは、その小物に負けたくないと思ってはいないでしょうか？　相手が小物だと気がついているから、「こんな小物の言いなりになってたまるか」という気持ちになっていないでしょうか？

もしそういう気がするなら、あなたも小物と同じ世界で競い合っていることになります。

相手が押しつけてくる権利や領分を認めてしまえば、逆に自分の権利や領分が侵されてしまうとか、相手の言いなりになってしまえば勝ち誇った顔を見なければいけないとか、とにかく小さな世界でジタバタしていることになってしまいます。

でもそんなのはあなたの本意ではないはずです。

自分が本当にやってみたいこと、その目標のためにいまコツコツと積み上げているものがあります。そっちに向き合うほうがはるかに大事です。

小物になんか言い負かされてもいいのです。相手に勝ったと思わせていいのです。自分が本当にやってみたいことを忘れないことのほうがはるかに大事なはずです。

ターゲットを攻撃するオレサマ

もうお気づきだと思いますが、オレサマに共通するのが「勝ち負けにこだわる」ということです。

相手に対して自分がどんなに優位だとしても、それをあえて振りかざして自分の勝ちを見せつけないと気が済みません。相手の言い分にも一理あるとか、自分が何もかも正しいわけではないといったクッションはまったく置かずに、とにかく徹底的に勝ちにこだわるのがオレサマです。

わかりやすい例がネット上のバッシングでしょう。

「こいつは叩ける」と思えば徹底的に叩きます。それこそ多勢に便乗して弱者を炎上させます。相手を叩き潰して鬱憤《うっぷん》を晴らせば気が済むのですから、姿も見せず匿名でそれができるネット社会というのはまさにオレサマにとって都合のいい社会です。

「ＳＮＳは見るだけだ」とか「自分の考えをネットで発信したことはない」という人から見ればネットオレサマなど取るに足らない存在です。繰り返しますが、オレサマは自分の領域に関わってこない人間には何も言ってこないのです。

ただその場の勝ちにこだわり、勝てる相手には容赦なく攻撃してきますので、ターゲットにされた人にとってはたまりません。

あなたが弁解しても冷静に事情を説明してみても相手には通用しません。オレサマはとにかくその場で勝たなければ気が済まないのですから、さっさと勝利感を味合わせて離れてしまわないと時間の無駄です。

それが悔しいという人には、一つだけアドバイスできます。どっちにしてもオレサマが仕掛けてくるのは局地戦です。狭い範囲での勝利にこだわっているだけです。そんなものに巻き込まれてしまったら、あなたの大きな目標や最終的に目指しているものが遠のいてしまうことになります。

寛容さの薄れてきた時代

電車の中でのオレサマ同士のケンカを聞いてつくづく思うのは、いまの日本に寛容さが失われてきたということです。ケンカの仲裁に入る駅員が「原因はいつもくだらないこと」と呆《あき》れてしまうのも当然でしょう。

通勤時の満員電車なら、「殺人的ラッシュ」はひと昔前からあったはずですが、「押した」「押された」のトラブルが頻発した記憶はありません。ドアを閉めるために駅員が乗客の尻や背中を押し込むという外国人から見れば信じられないような光景も、昭和の時代からありました。それでも乗客同士のケンカが始まるようなことは滅多になく、むしろ押した側が「スミマセン」とすぐに謝り、押された側も小さく頷《うなず》いておしまいでした。ここで「気をつけろ」と怒鳴り返せばケンカになるでしょうが、どんなに気をつけてもすし詰めの車内ですから仕方がない、「お互いさまだもの」という寛容さがあったのです。

そういう寛容さは、たしかにいまの時代は薄れているように感じます。仕事はつねにベストのパフォーマンスと結果を求められ、職場はハラスメントに神経を使い、ネット社会が生身の対人関係やコミュニケーションを希薄にしていますから曖昧な解決や決着が通らない時代になっているのでしょう。

「まあ、しょうがないよ」とか「ここは一歩退いて」といった緩い対人関係が成り立ちにくくなっているような気がします。

私たちが寛容さを失うのは余裕のないときです。

満たされていないとか、忙しい、認められない、先行きに不安があるとか誰からもわかってもらえないといった、簡単にいえば心の余裕が失われているときです。

そうだとすれば、オレサマ増殖の背景には時代や社会の変化も隠されていることになります。そのあたりのこともこの本では考えてみます。オレサマの正体が少しでもわかってくれれば、いくつか気がつくことが出てきます。それがあなたにオレサマと向き合っているときの心の余裕を生み出してくれるはずです。オレサマの「トリセツ」は、その余裕が教えてくれるような気がします。この本も、「うんうん」と頷きながらリラックスしてお読みください。

第1章
オレサマは自分の領分にこだわる

それぞれの人にある「自分の世界」

地方都市で古い雑貨店を営んでいる60代の男性がいます。あまり規模は大きくないし儲かってもいませんが、それでも昔からのお客がいて堅実に商売を続けてきました。ただし後継者がいないのが悩みでした。

すると都会で会社勤めをしていた30代の長男が「手伝おうか」と言ってきました。勤め先も業績不振で給料は上がらないし残業続きで嫌気が差したようです。後継者ができるのは嬉しいので、男性は喜びました。

そこでまず商品の品揃《しなぞろ》えにアイディアを出してもらうことにしました。親から受け継いだ昔のままの品揃えだから、仕入れとか並べ方とか若い人のセンスを活かそうと思ったのだそうです。最近は少しずつ観光客も増えてきて、若い女性も店に入ってくるようになっていたので、長男も張り切っていろいろな商品を仕入れました。ディスプレイもどんどん変えていきます。

しかし店主の男性には少し急ぎ過ぎのような気がしました。高齢の常連客が戸惑うことが多くなったからです。

そこで男性は長男に「あんまり急に変えると昔からのお客さんが困るぞ」と言いました。べつに文句を言ったつもりはなくて、アドバイスのつもりでした。

ところがそのとたん、長男は怒ってしまいます。

「任せるって言ったじゃないか！」

「おやじのやり方じゃ、客なんか増えない！」

「あんたは常連客の相手だけしていればいいんだ」

どちらかといえば口数の少ない長男が、急に怒り始めたのです。せっかく親子で協力し合って店を盛り上げていこうと考えていたのに、この男性は「やりにくいなあ」と困っているそうです。

こういうケース、どう思いますか？

というより、いろいろな状況の中で似たようなことは「ある、ある」という気がしないでしょうか？　人にはそれぞれに自分の領分、自分の世界があって、家族といえどもそこに必要以上に立ち入るといさかいのもとになります。

オレサマ部下の逆パワハラに苦しむ上司

家業の商売ならまだいいです。親子で力を合わせて盛り上げていこうという意思一致が計りやすいからです。

これが企業となると難しくなります。上司と部下はどうしても対立的な立場になりやすく、しかもパワハラ防止法の制定以来、上司は部下に対して一方的な物言いができなくなっています。うっかり命令口調を取ると部下から「課長、それパワハラ！」と言われかねません。

たとえば一定の権限を与えると、その権限に固執して上司にも反抗的な態度を取る部下がいます。上司が口を挟むと「私の立てたプランです。余計な干渉はしないでください」と突っかかります。そこでうっかり「干渉じゃない、これは私からのアドバイスだ」と反論するとたちまち「パワハラ、パワハラ」です。「押しつけているんだからパワハラですよ」となります。

上司としては助言や提言のつもりでも、部下がそれをハラスメントと受け止めれば、つまり精神的、肉体的苦痛を与えていると見なされればハラスメント認定されかねません。

そういう状況の中で、部下のほうにこれまで説明したような自分の領分や権利への固執が強くなればどうなるでしょうか。リーダーがメンバーにものを言えなくなればチームは機能しなくなりますから仕事もうまくいきません。

そうなれば上司が責任を問われますから、神経を病んだり休職に追い込まれたりする上司も珍しくないようです。最近、増えているとされる部下からの「逆パワハラ」です。

ところが部下のほうには自分たちの言動がパワハラになるという自覚がまったくありません。なぜなら自分たちは弱い立場であり、あくまで「権利を主張している」「上司や会社に意見を言っている」という意識が強いので、むしろ自分のやっていることは正しいと思い込んでいる場合が多いのです。

上司のパワハラは優越的な上下関係が背景にありますが部下にはそれがないので、パワハラという自覚がないのでしょう。でも上司にしてみれば、優越的なのは現場において知識や経験をどんどん積み上げられる部下のほうです。メンバー同士で結託されたら立場は逆転します。これが「逆パワハラ」の正体になってきます。
上司のほうが神経を使ってビクビクし、部下のほうがふんぞり返っているのですから
まさに「部下オレサマ」です。

オレサマ亭主はなぜ細かいことにうるさいのか

オレサマはさまざまな場面や人間関係の中に存在するし、年齢も性別もまちまちですが、いくつかの共通点があります。前述したように、自分の権利や領域にこだわって、そこが少しでも侵されると感じると急激にオレサマ化してしまうのです。それ以外のときはとくに威張っているわけでもないし、周囲に対して攻撃的なわけでもありません。

「こうしたい」とか「こうありたい」という目標や願望よりも、「これはイヤ」とか

「ここは譲れない」という、はっきり言えばどうでもいいこと、些事《さじ》にこだわります。もちろん本人にとっては些事ではありません。その部分を侵されてしまうと自分の権利や相手に対する優位性が失われてしまうのですから大事なことになってきます。

たとえば職場や近所には笑顔を見せても、家の中で妻と向き合っているときは不機嫌な顔ばかり見せている「オレサマ亭主」で考えてみましょう。

こういうタイプの男性にとって、「オレが食わしてやっている」「オレは外で苦労している」というのは絶対に譲れない一線です。だから妻にどんなに毎日の食事を作ってもらっても家事一切をやってもらっても、家庭内での自分の優位性は動かないし、大事にされることも自分の好みや都合が優先されることも当然だと思い込んでいます。「外で苦労しているんだから、家の中では思い通りにさせてもらう」というのは、本人にとっては当然の権利なのでしょう。

すると、思い通りにいかないことがあると怒ります。好みの茶碗を勝手に替えられたとか、食事のときの皿の並べ方が気に入らないとか、些細なことで途端に機嫌が悪くなったりします。自分が仕切られている気がするのでしょう。

「家の中では誰にも遠慮なく暮らしたい」とか「気分よく過ごしたい」と願うのでしたら、せめて妻とはお互い機嫌よく、干渉し合わないで暮らしたいと考えてもいいはずです。そうすれば逆に「細かいことで腹を立てない」とか「お互いの領分を尊重する」という答えだって出てくるはずです。

ところがそういう発想はまったく出てきません。うっかり妻が「皿の並べ方ぐらい

でうるさいな」と愚痴を漏らせば、逆上しかねません。

「メシのまずいのは我慢してるんだ。皿ぐらいちゃんと並べろ！」

とにかくオレサマ亭主は一歩も引きません。妻が少しでも反撃してくれば徹底的な攻撃を仕掛けてきます。少しは相手を立て、一歩譲って……という柔軟さがまったくありません。たとえば「皿の並びが悪いとせっかくの料理が台無しじゃないか」といった少しは柔らかい物言いなど思いつきもしないのです。それを言ってしまうと、家庭内での妻に対する圧倒的な自分の優位性（と思い込んでいるもの）が揺らいでしまうからです。

オレサマのどこかに潜む弱者の意識

もう一つ、オレサマ化しやすい夫には家庭の中でしか自分の優位性を保てないという一面があります。

職場で高い地位についていればともかく、知識やスキルで若い社員にバカにされ、これといって抜き出た能力や実績もなく、経験や在社年数ぐらいしか自慢できるもののない中高年世代は、ただでさえ会社のお荷物扱いされていますから、どうしても心のどこかに「俺なんか」と卑下する弱者の意識が居座ってしまいます。

すると「せめて家の中では」という気にならないでしょうか？

外で弱者で家の中でも弱者のままでは居たたまれないからです。まして子どもが自立してしまい、家にいるのは妻だけとなれば、その妻にだけは自分の優位性を示さなければ気が済みません。それも徹底的な優位性にこだわります。

これはわたしの想像ですが、もし夫や妻の親が同居していれば、オレサマ亭主は大人しいはずです。親も含めた家族の中でオレサマ化するのはかなり難しくなってくるからです。オレサマは限られた相手に対してしかオレサマにならないのです。

一方の妻はどうかといえば、家庭内での主導権は揺るぎません。夫が何を言おうが、家の中のことは自分が仕切っているし、家事を放棄すれば困るのは夫のほうです。

実際の優位性は妻にあるのですから、妻が夫に対してオレサマ化することはありません。べつに威張らなくても、文句を言われたら「はいはい」と子どもをあやすように受け流せばいいのです。いざとなったら「自分でやれば」のひと言で済みます。

ただしこういう図式はかつての専業主婦の時代であって、いまはほとんどの女性が収入を得るために働いています。妻も外では苦労している時代ですから、家の中でまで夫に苦労させられたらたまったものではありません。つまり妻にもどこかに「自分ほど大変な状況に置かれている者はいない」といった弱者の意識があるとすれば、仕事で神経をすり減らし、くつろげるはずの自宅ではオレサマ夫が威張っているのですから怒りが込み上げて当然です。かつてのように受け流すわけにはいかない女性が増えているのも事実でしょう。亭主オレサマが増えたのに加えて、それに怒りを覚える妻も増えているような気がします。

オレサマでも自己主張は強くない若者たち

オレサマにとって大事なのはその場で勝つことです。

少しでも相手の言い分を聞いたり、譲歩したりするのは負けだと思っています。それでは対等な関係になってしまうからです。

だから相手にとってはどうでもいいようなこと、ほんの些細なことでも、それが自分の権限や領分に関わってくることなら猛然と攻撃してくるし一歩も譲ろうとしません。たとえば大きな目標や計画実現のためには、小さな譲歩や我慢も必要になりますが、オレサマにとって大事なのはあくまで自分の権限や領分で、それを譲るとか我慢するということはできないのです。

「部下オレサマ」の逆パワハラの話を聞くと、いまの若い世代は自分の権利をはっきりと主張する世代のように感じますが、わたしはそうは思っていません。決して若者の自己主張が強くなっているわけではないからです。

本当に自己主張が強い若者なら、部署の会議でも自分の企画を押し通そうとするでしょうし、自分が正しいと思えばチームワークを乱してでもやりたいことを実行するでしょう。

でも、部下オレサマにそういうスタンドプレイはありません。いまの若い世代は概して、かつてに比べればはるかに大人しいのです。周囲の雰囲気を読んでそれに合わせようとするし、むしろみんなと同じであろうとします。変に素直なところがあるのです。

ある管理職の男性は、若い部下に仕事を依頼する場合にはあまり細かく指示しないほうがいいと言います。

「細かく指示すると面倒な仕事と思われてしまい、自分の判断ややり方が持ち込めないと受け止めるみたいですね。権限が狭められると感じるのでしょう。むしろざっくりと説明して『簡単だ』とか『自分のやりたいようにできる』と思わせたほうがあっさり引き受けてくれます」

もちろんこのやり方も危険なところがあって、いざ動き始めても危なっかしいとついアドバイスしたくなります。すると「全然任せてくれないじゃないか」と反発します。指示やアドバイスが細かくなればなるほど、「そんなやり方は古い」とか「形式にこだわり過ぎている」と自分のやり方に固執しますからぶつかります。ぶつかれば「パワハラ」呼ばわりされかねませんから上司は神経を使います。

ただ、その場合でも部下のアイディアや個性を尊重し、その長所をしっかりと認めてあげればオレサマ化することはないはずです。発想のユニークさとか新しさとか、こだわっているものさえ認めてあげれば、部下のプライドが傷つくことはないからです。

大きな闘争は避け小さな戦いに挑む

たとえばアイディアや企画力に自信を持っている部下オレサマは、数字の甘さや押しの弱さを指摘されても、「そこ、苦手なんです」とあっさり認めますが、アイディアそのものを「つまらない」とか「平凡だ」と指摘されるとたんに不機嫌になります。「ここだけは譲れない」「この個性だけは冒《おか》されたくない」という意識が強いのです。

上司が部下に残業を要請できないとか、休日出勤を依頼しにくいというのも、パワハラ云々というより強い拒絶に合うことを知っているからでしょう。仕事よりプライベートな時間を大切にしたい世代にとって、そこが侵害されることだけは我慢ならないのです。だから自分のプライベートな予定のためなら、残業も休日出勤も断る部下が出てきます。

けれどもそれなら、残業を減らせとか給料上げろ、人員を増やせといった本質的な要求が出てもいいはずですが、そこにはまったく触れてきません。

これは一つには企業の労働組合が弱くなったというのもあるでしょう。かつてのように労組が強ければ経営に関わってくる大きな要求は労組が突きつけてくるものでした。上司のパワハラだって労組が出てくれば組織全体の問題としてやり玉に挙げられたはずです。社員一人ひとりの権利意識も労組があれば一つにまとめ上げて大きな要求として突きつけることもできます。

ところがいまの労組は情けないくらいに弱体化しています。すると社員はそれぞれが自分の権利を守るために特定の上司を攻撃するしかなくなります。社内で大きな要求を突きつけて逆に周囲から浮いてしまいたくないという変な従順さがあるのです。

もし周囲から浮いてしまうと、オレサマの敵の範囲は広がります。それこそ同僚や後輩に対してもことあるごとに自分の権利や領分を主張しなければいけません。目の前の上司だけならともかく、多勢を相手にオレサマであり続けるというのは難しいし、そこまでは望んでいないのです。オレサマの領分が狭いというのは、そこさえ守ればいい、そこでさえ負けなければいいから、ということになります。ですから、挑む戦いも小さな範囲の限られた相手なのです。

オレサマは自分の優位性にこだわる

ほとんどのオレサマは誰に対しても威張り散らし、攻撃的なわけではありません。たとえば妻の前で威張り散らす「亭主オレサマ」も、家庭の中で威張る「チビオレサマ」も、あるいは「電車オレサマ」も同じです。家の中では苦虫を噛《か》みつぶしたような顔しか見せない「亭主オレサマ」も一歩世間に出れば笑顔を振りまく中年男ですし「チビオレサマ」も学校では大人しくて自己主張しない子どもです。「電車オレサマ」だって職場では目立たないサラリーマンだったりするケースが多いのです。

ただしどのオレサマにも共通する心理があって、一つはまず、自分の領域に入って来られると急激にオレサマ化します。「逆パワハラ」を生み出す権利意識がその例です。テレビを観ている子どもがチャンネルを譲ろうとしない、自分のおやつは誰にも分けてあげないのも、家庭の中で自分が優位でいられる領域にこだわるからでしょう。

もう一つ、オレサマに共通するのが弱者に対する冷淡さや攻撃性です。自分より弱い立場の人間には強圧的な態度を取って平然としていますし、その典型がコンビニの店員やサービス業の現場で働く人たちへの見下した態度や暴言、いわゆるカスハラになってきます。妻にだけはオレサマ化する「亭主オレサマ」もその一種でしょう。

そう考えてくると、オレサマは特定の相手に対して立場の優位性を強調するタイプと見ることもできます。

「優位なら、べつに威張らなくていいじゃないか」

あなたはそう思うかもしれません。

たしかにオレサマも相手が低姿勢を守ってくれれば満足そうです。自分に従順な態度を見せている限りは穏やかです。と言いたいところですが、困ったことにオレサマはやっぱりオレサマで、相手が低姿勢で、自分に従順な態度を見せていてもオレサマ化します。

亭主オレサマはどんなに妻が従順でも図に乗ってふんぞり返るし、最近目につく社長オレサマ（一代で成り上がったワンマン経営者に多い）も社内的にはもちろん、社外的にもオレサマ的な態度を取って平然としています。社員は何だか恥ずかしいのです。「会社内ならともかく、世間に知られたらみっともない」と嘆いてしまいます。

弱者には弱者のアイデンティティがある

社長オレサマについては次の章で考えてみますが、ほとんどのオレサマに共通するのは弱者のアイデンティティです。弱者が持つさまざまな不安から逃れるために、いつも他人を攻撃して虚勢を張ってしまうことになります。「自分は弱者だ。だから自分を守る権利がある」という意識が心のどこかに、根強く居座っています。いろんなことが不安で、いつも他人を攻撃して虚勢を張っていないと気が済まないのです。

たとえば部下がオレサマ化するときのケースで考えてみましょう。

パワハラ防止法が制定されて部下の人権が法的に守られるようになっても、終身雇用制の崩れた企業で弱者であるという立場は変りません。もちろん上司といえども身分が不安定になっていますから、パワハラを疑われるような言動にはふだんから神経を使っているはずです。

つまりいまの時代はどちらも弱者に違いありません。

けれども弱者は弱者に厳しい目を向けます。日本はとくにそうで、これだけ格差の固定化が進んでしまうと、強者に対しては従順に振る舞うしかなくなりますが、それだけでは自分たちのアイデンティティ、つまり自分が自分であるという感覚を持ちにくくなります。

そこでどうしても自分の権利や個性といった領分を主張する必要が出てきます。

主張するということは、自分の権利や個性を守るということだからです。

そのときターゲットにされるのがパワハラ告発に脅える上司です。

身近な存在の上司に対して自分のアイデンティティを守るためにも、逆パワハラで向き合うことになります。具体的にいえばプライベートな生活や時間を侵させない、自分が個性だと信じる能力を認めさせるといったことです。もちろんこれだけパワハラやモラハラの知識が広まっていれば、ネットを使ってそれを引き出し自在に使いこなすこともできますから、上司のちょっとした言動にも反抗することができます。

そのかわり、部下は大きな要求や本質的な要求を会社に突きつけることはありません。組合が弱体化し、まして終身雇用制が崩れて能力主義になったいまの時代は、特別な成果を上げない限り、文句を言うだけの社員など無用とみなされてしまうからです。つまり勝ち目のない戦いは挑まないというのも、弱者のアイデンティティを守るためには必要になってくるのです。

オレサマは誰に対しても自信満々なわけではない

目の前のオレサマを見ていると、「この人、何サマのつもりなんだろう」と思いたくなります。こちらを見下して威圧してくるし、自分のやり方や方針を自信満々で押しつけてきます。

「でもこういうやり方もあるけど」と少しでも異論を唱えると「そんなのダメ。私だっていろいろ試したんだから！」と真っ向から否定してきます。あるいは「あなたがそう思うなら勝手にやれば。私は自分のやり方でやるから」と突き放します。オレサマは自信満々なのです。

では自信満々のオレサマは自分を有能で誰にも負けない能力があると思っているでしょうか？

あるいは周囲のみんながその能力や個性を認めて、羨《うらや》ましがっていると思っているでしょうか？
オレサマはそこまでうぬぼれてはいません。ナルシストでもないし充分な自己愛も持ち合わせていないのです。むしろ自分に対する周囲の評価に不満を持っているし、いまの地位を守るのに精一杯で大きな夢や計画を持っているわけでもありません。どちらかといえば現状維持に必死な人間でしかありません。

だから、目の前の弱者に厳しく当たります。

「こいつだけは叩いておかないと私の地位や取り柄が奪われてしまう」と不安になるのでしょう。

そのかわり、距離のある人間や勝ち目のない相手には妙に愛想がよかったり従順だったりします。たとえばあなたが同じチームのオレサマ化したAさんに苦しめられているとしても、そのAさんは他の部署の人には愛想よく振る舞って親しみやすい人と思われていたりします。あるいは部下の人望を集める上司の言葉には嬉しそうに従うし、自分からアドバイスを求めたりします。ときにはその上司のことを褒めたりもします。

やることが見え透いているのです。

そういう様子を見ていると、オレサマに苦しめられている人は「なんてずるいヤツ」と余計に腹が立ちます。

でも確実に気がつくことがあります。

オレサマが強い人間には逆らわず、身近な弱者を叩こうとするのはすべて自分を守るためです。守るべき自分も弱者であり、狭い権限や領地しか持っていません。

これは必死にならざるを得ません。ここで一歩でも退いたら、すべて失ってしまうことになるからです。

「この人の領分はどこまでか」をつかんでおく

そこで「トリセツ」を考えてみます。

まずオレサマの領分をつかんでおきましょう。「この人がこだわる自分の領分や権利はどこまでなのか」を想像してみましょう。これは、突然にオレサマ化するときの状況を思い出していけばだんだんわかってくるはずです。

「自分の仕事のやり方にはものすごく自信を持っているし、それ以外のやり方は受けつけないし聞き入れない」

「自分の個性にもこだわっている。『ワタシは不器用だけど頑張り屋』と思い込んでいるから新しいやり方なんか試そうとしない」

「過去の実績にも誇りを持っている。だから若い人にすぐ昔の自慢話をしたがる」

あなたにもいろいろ気がついていることがあるはずです。

そこを脅かさないようにしましょう。

アドバイスは無用でも、オレサマがあれこれ指図してきたら「あなたのようにはできないけどやってみる」と取りあえず従っておけばいいのです。「この人は私の領分の侵害はしないし、私の個性も認めている」と思わせておけば、むやみにオレサマ化することはないはずです。

もちろん、あなたはあなたで自分のやり方を試していいのです。いろいろ口出ししてくるかもしれませんが、「このやり方だとうまくいかないかもしれないけど、もうちょっと頑張ってみる」と言っておけばしつこく干渉することはないはずです。オレサマが大事にしている領分には入りこんでこないと安心させることができるからです。

そうして少しずつ、自分とは違う種類の人間だと思わせてしまえば、オレサマはわざわざ干渉してきません。それでももし、自分のやり方を押しつけてくるようなことがあったら、「あなたのようには頑張れません」と断れば、オレサマは勝ち誇ったような気分になるはずです。

ただし親しくなる必要はありません。言うまでもないことです。

第2章
その場の勝ち負けにこだわるオレサマ

相手の意見を聞いたら負けだと思ってしまう

一つの意見や考えに異論や疑問があるとき、それを相手にぶつけ、受け止めてもらったときから議論が始まります。

「でもこういう考え方もできるんじゃないか」と相手に言うことで、お互いにいろいろな視点や立場からものごとを考えられるようになり、それによって思考が広がったり深まったりします。だから本来であれば、異論をぶつけるとか批判するというのは正解に近づくための大切なプロセスになってくるはずです。

逆の立場で考えてみましょう。

たとえば定説のように自分がその時点で正しいと思っていた考え方に「いや、そうとは限らないぞ」とか「こういう視点だって持てるんじゃないか」と疑問をぶつけられることは、私たちにとっては大切なアプローチになるはずです。正解は一つではないし、いくつもの見方や考え方を知っておくことで、それだけ幅広い事例に当てはめて対応していくことができるからです。

そのとき大事になってくるのは、どっちが正しいという結論を急がないことです。

議論になると、よく「じゃあ、オレが間違っているというのか」と不機嫌になる人がいますが、いろいろな見方や考え方をぶつけ合うのが議論で、その場で勝ち負けをはっきりさせ、一つの結論を出すためではないということです。

でもこういう見方はオレサマには通用しません。

オレサマは自分に対する批判は敵対行為としか受け止めないからです。

少しでも疑問や反対意見を口にすると、「じゃあ、私が間違っているというのか！」とケンカ腰になります。

話し合うとか意見を交わすといった当たり前のプロセスも、オレサマは拒みます。

そもそも相手の意見を聞いたら負けだと思ってしまうのです。

たとえば電車の中で肩がぶつかった程度のことでも、そこで黙っていたら負けだと考えるのがオレサマですから、自分の領域に少しでも介入されるのは許せません。意見を聞くというのは相手の介入を受け入れるということになってしまうと考えるのがオレサマです。

オレサマが上に立つと組織は荒廃する

聞く耳を持たないオレサマが、自分の考えや判断に固執するなら放っておけばいいのです。失敗して痛い目にあうのは自分だからです。

けれどもこういうタイプのオレサマが組織の上に立つと、その下で働いている人間は翻弄《ほんろう》されることになります。じつは最近、企業や組織のトップにこういったオレサマが居座り続けて組織を機能停止に追い込むことが増えているような気がしてならないのです。

少しだけ個人的な話をさせてもらいますが、私も日本大学という巨大組織の理事として、それも常務理事という責任のある立場で大学の官僚たちと改革を進めていくという貴重な経験をしましたが、そこでつくづく感じたのは前理事長の不正を許してきた巨大組織の古い体質が何も変わっていないということでした。それどころか、そのまま受け継がれているという事実でした。どんなに新しい風を吹き込もうとしても、それをまったく受け付けない組織になっていたのです。

オレサマが専制的な社長になってしまうと、その下にいる人間も自分の利益や身の保全だけを考えるようになります。組織を改革しようとか、社員が働きやすい職場にしようといった経営陣としてのビジョンより、トップの顔色を伺って自分が生き残ることだけを考えてしまいます。

そういう人間がトップに立てば、やることは同じです。それまでの専制的なトップから経営に関しては何も学ばず、下の人間から信頼されてトップに立ったわけではありませんから自信も自覚もありません。するとここでも威張るしかなくなります。

まさにオレサマとなって直属の部下を支配するしかなくなるのです。

この連鎖が組織全体に広がれば（確実に広がります）、組織全体が荒廃するのは目に見えています。上が下を叩けば下はその下を叩きます。下請けや出入りの業者を叩き、正社員はパートや契約社員といった非正規の社員を叩きます。

こうなってしまうそもそもの原因がオレサマ社長だとしたら、なぜ威張るのかという理由を考えてみたほうが良さそうです。

なぜ社長になってまでオレサマ化するのか

べつに威張らなくても社長ならみんなが言うことをきくし、対立意見が出てきたとしても、最後は社長の判断が尊重されるんじゃないかと思うかもしれません。経営者はそれだけの権限を持っているし、もし失敗すれば責任を負う覚悟もできているはずです。むしろベストの判断を下すためにもさまざまな意見を受け入れる必要がありま す。その場の勝ち負けにこだわるオレサマになっている場合ではないのです。

ところが日本の場合、この常識が通用しにくいという現実があります。その理由の一つは、組織のリーダーとしての経験を積まないまま社長になってしまったというのがあります。たとえばプロ野球で言うなら選手として活躍した人がいきなり監督になるようなケースです。

企業の場合も販売実績を大幅に増加させたり、新規事業を成功させた人間が抜擢《ばってき》されて出世し、経営が好調ならそのまま社長になってしまうというケースがしばしばあります。あるいはこれといった実績はなくても一流の大学を出て上層部に忠実というだけで出世コースに乗って社長になる人もいます。優秀で経営ビジョンのある人が社長になるとは限りません。つまりリーダーとしての資質があるかどうかは問われないまま社長になる人が多いのです。ずっと第一線で活躍してきた人ほど、リーダーとしての経験はありません。

アメリカでもオレサマ的な人が出世することは多いのですが、アメリカの企業はリーダー養成に時間をかけます。能力があると見込まれた人間には早い時期から子会社の社長をさせてリーダー経験を積ませます。MLB（米メジャーリーグ）でも監督を目指すような選手は20代で現役を退いてマイナーリーグのコーチからステップアップしながらリーダーとしての経験を積んでいきます。

日本の場合、かつての企業は取締役会が大きな権限を持っていて、どちらかといえば共同経営に近くて社長はいてもお飾りのような存在でした。当然、社長は威張れないし威張る必要もありませんでした。

ところがそういう家族的な雰囲気が薄れて、どんどんアメリカ型のトップに権力を集中させる企業経営に変わってきました。けれどもリーダー学を学んでこなかったので、どうすればみんながついてくるかというのがわからないし、リーダーとしての自信もありません。すると威張るしかなくなります。威張ることで周囲を従わせ、リーダーとしての体面を保つしかなくなるのです。オレサマ社長が増えてきた背景にはそんな理由が隠されているような気がします。

我慢が報われると信じられた時代

ここで話が少し脇道に逸《そ》れますが、わたしはかつての日本企業では当たり前だった年功序列・終身雇用制というのは幸せな制度だったと思っています。

極端に言えば怠けてもクビにならないし、長く勤めていれば自然にポストが上がっていくという制度ですから、生産性が下がるとか、みんなが働かなくなる、個人の努力が報われないといった見方をする人が多いのですが、利点もたくさんありました。

いちばん大きな特徴は、社員が会社を愛していたということです。

たとえば大企業でも古参の社員は社長を「おやじ」とか「おやじさん」と陰では呼んでいました。悪口を言うときには「あのタヌキおやじ」だとしても、家族的な経営イメージがあったのです。

でもいま思えば「うまくできていたな」と感心することがあります。

年功序列制度は年齢が上がればポストも上がります。給料だって上がります。では仕事はハードになるかといえばそうでもなくて、たとえば課長は定時になると部下に声を掛けて居酒屋に誘います。ガード下の焼き鳥屋とか、せいぜい2軒目がお気に入りのママさんがいるスナックだったりするくらいで、飲み代も声を掛けた課長がポケットマネーで全部払います。部下は「ご馳走さまでした！」で解散です。少しぐらいは愚痴や自慢話にもつき合わされますが、遠慮なく飲み食いできるし、ときには本音をぶつけて議論もできるのですから、オフィス街のある駅周辺というのは暗くなってからはサラリーマンの酔客で賑やかなものでした。

ではなぜ、あの時代の上司は部下を引き連れて飲み歩いたのでしょうか？

若い社員に辞めてほしくなかったからです。給料が安いとか残業が多い、得意先の受け持ち件数が多すぎる、ノルマがきついなど、とにかく仕事はハードでしたから社員には不満が溜《た》まります。日本経済の成長期でしたから辞めても就職先はすぐに見つかります。

でも若い社員に辞められると仕事が回らなくなります。あるいは得意先にも迷惑が掛かります。「おたくはしょっちゅう担当が替わるね」と言われると上司は謝るしかありません。

そこで、「若いうちは辛いこともあるけど、長く勤めればきっといいことがあるぞ」と部下を励まします。

そして部下もそれを信じました。信じることで安月給を我慢できたのです。

会社を愛し、会社に愛された幸せな制度

我慢して勤めていれば、やがてはポストも給料も上がって仕事も楽になる。若手社員がそう信じるためには大前提があります。

会社がずっと潰《つぶ》れないで業績を延ばし続けることです。業績が低迷したり、万が一、

潰れでもしたらせっかくの苦労も我慢も全部パーになります。昇進どころか給料も上がらないし、働く場も失って「損」をします。つまり安月給で働く若い社員は会社にカネを貸しているようなものです。会社が潰れたら貸したカネが返ってきません。だから必死に働いてきました。

ポストも給料も上がったら、今度は会社のブランドイメージを守ろうとします。いい製品を作り続けます。不正や違法行為なんかすると企業イメージが傷つきますから損をするのは自分たちです。上に行けば行くほど、ブランドイメージを必死で守ろうとしたはずです。

これは愛社精神に他なりません。会社を愛し、自分たちの作る製品やサービスを愛していました。会社もそれに報いてくれますから、自分の会社に愛されているという感覚があったのです。

組合も強かったので、労使の対立はもちろんありました。いまの時代よりはるかに激しい対決で、組合は賃上げも待遇改善もどんどん要求し、ストもしょっちゅうでした。

でもどんなに激しく対立しても双方に愛社精神があったのは確かなことだったと思います。

いまの企業はどうでしょうか。

大手、中小を問わず、能力主義がどんどん取り入れられています。実績や成果より入社年数で給与が決まる年功序列制はむしろ不公平とみなされます。有能なら給与も高くて当たり前、ダメなら安くて当たり前、文句があるなら辞めなさいというシステムです。

これでは愛社精神など持ちようがありません。たとえ有能であっても、給料がいいのは自分の能力が高いからで会社のおかげではありません。「もっと待遇のいい会社があるはず」と探してみるくらいですから愛社精神などやっぱりありません。

当然、会社に愛されているという感覚もありませんから、ブランドイメージを守ろうとか、企業イメージに傷をつけるようなことは止めようという気持ちもなく、ただ会社が儲かって自分の給料が上がればいいと考えるようになります。原材料の質を落としたり下請けや部品メーカーを叩いたりして利益を確保しようとします。その頂点に立つのがオレサマ社長という気がします。

オレサマが愛するのは会社より自分

したがってオレサマが社長になったり経営陣にはびこってしまうと、利益のためなら何でもやりかねません。記憶に残っている例で言うと中古車販売のビッグモーターがそうでした。成果主義を導入された部下にも会社を愛する気持ちなどありませんから上に言われれば不正とわかっていても従います。この原稿を書いている時点ではまだ全容が判明していませんが、サプリメントの服用で多数の死者まで出ている小林製薬のような企業にもおそらく、長くオレサマトップが君臨して利益を優先し安全をおろそかにするという企業体質ができていったのだと思います。

大手自動車メーカーのリコール隠しだとか検査データの偽装などが次々に発覚したこともあります。

もし愛社精神や、ブランドイメージを守ろうという意識が従業員に共有されていれば、そういった不祥事は避けられたような気がします。経営陣はもちろん、現場の技術者だって不正を許すはずがないからです。

けれども経営者がオレサマ化してしまうとそこの歯止めがなくなります。威張り散らすことでしか自分の地位を守れない社長オレサマは、「儲かっているんだからオレのやり方でいい」とか「文句を言うやつは会社に要らない」という傲慢《ごうまん》さがあるからです。つまり会社全体より自分の力や権威への愛着のほうが強いのです。守ろうとするのも会社ではなく、自分の権力です。

このことは社員にも当てはまります。

オレサマ社員は自分の権利や領分にこだわります。上司のちょっとした指示やアドバイスでも、それが自分の領分、たとえば個性に干渉してくるものだと感じれば反発します。もし会社を愛する気持ちがあれば、いい仕事をしよう、いい製品を作ろう、ブランドイメージを守ろうという気持ちになるはずですから、上司や周囲の意見にも耳を傾けて話し合うことは少しも苦痛にはならないはずです。

けれども成果主義はあくまで社員の能力や実績を重視します。定年まで面倒を見てくれるわけでなく、能力がないと見なされれば待遇も悪くなりますから、社員は自分を守ることしか考えなくなります。会社のために自分の権利や個性が侵害されることだけは我慢できないのです。

将来の満足よりいま満足したいオレサマ

終身雇用制や年功序列の時代は、いまを我慢すれば将来は報われるという希望を持つことができました。縁あって入った会社に愛されている、大事にされているという感覚さえ持つことができました。

入社しても思うように仕事ができない、成果を出せない、同期にどんどん追い越されていく、そういう社員でも会社は辛抱強く雇用し続けます。はっきり言えば、「この会社だからクビにもならないで働いていられるんだろうな」と思う社員もいたはずです。そういう社員には「会社に愛されている」という実感が生まれます。

自分を大事にしてくれる会社を裏切るわけにはいきませんから、たとえばメーカーでしたら製造過程で手抜きは許されません。営業部門でもユーザーに対しては誠実に対応します。それはそれで大変ですが、地味な努力が会社の信用を支えるということがわかっていたはずです。いまがどんなに大変でも、我慢していれば将来きっと報われると信じることができたのです。これが会社に愛されている社員の考え方になります。

でも成果主義になれば大事なのはいまの実績です。いま結果を出したら、いま報酬を貰わないと損だと考えます。「いま貰えるべきものは、いま貰っておかないと損だ」

と考えるのです。

成果主義はどうしても「いま」にこだわります。営業でしたら「いま成果が出せなくても、ここでしっかりフォローしておけば将来きっと実を結ぶはずだ」と考えたところで、成果が出なければ評価されないし給料も上がりません。結果として現時点で売れる商品を大量に買ってくれる客だけを大事にすることになります。つねに「いま」が大事なのです。

この発想はオレサマにもそのまま当てはまります。

若手社員の「逆パワハラ」も大事なのは「いま」です。上司のアドバイスを聞き入れれば、将来もっといい結果を出せるかもしれないとしても、いま自分の意見を通さないと負けだと考えてしまいます。

自分の個性や権利まで侵害されていい結果が出たとしても、そんなものは部下オレサマにとって信用できない不確定なものです。

それよりいま勝ちたい、上司のアドバイスを無視したり上司から嫌われたりして後からしっぺ返しがあったとしても、いま、目に見える成果を出したいのです。

いま負けてしまったら、次はいつ勝てるかわからない。だからその場の勝ちにこだわってしまうのがオレサマの心理になります。

満たされていないと威張りたくなる

職場や家庭のように身近な場所、身近な人間関係の中でオレサマに向き合うと、誰でも腹が立ちます。「こいつ、何を威張っているんだ」とか「偉そうな態度を取るなあ」と思うと「おまえ、何サマのつもりなんだ」と言いたくなります。見下されて平気な人はあまりいないはずです。

でもたいていの人は、黙っています。「相手にしてもしょうがない」と思うからです。バチンとたしなめると根に持たれそうな気がします。あるいは腹いせに、あることないこと言いふらすかもしれません。

ふだんから顔を合わせる相手とあまり敵対したくないとたいていの人は考えるはずです。でも本当の理由は違います。「満たされていないんだな」と可哀想《かわいそう》な気がするからです。

「この人にはきっと自分を認めてほしいという気持ちがあるけど誰も認めてくれない。それが不満だから私に対して威張り散らして自分を認めさせようとしているんだ」

そういうことに気がついてしまいます。誰からも認めてもらえないという不満があって、とりあえず威張りやすい相手に威張っているんだろうなと想像するからです。

理由はあります。ほとんどのオレサマは強い相手、自分より地位の高い相手には従順だからです。たとえばいろいろな部署のメンバーが集まる大きな会議では大人《おとな》しくしているのに、自分がリーダーだと思っている小さなチームの中では威張ります。逆パワハラにしても、自分より地位は上でも、経験や技能、仲間の多さなどで勝てると思った相手に挑んでいくのです。

ということは、根本で満たされていないのです。周囲に認められている人や尊敬されている人なら、誰にでもある「自己愛」、自分を愛する気持ちが満たされていますから、ことさら威張り散らす必要はありません。そんなことしなくても、みんなが敬ってくれるからです。

オレサマ社長も満たされていない

根本で満たされていないのはオレサマ社長も同じです。

社内的には専制君主で、業界でも注目される存在だとしても、オレサマ社長は自分が社員に愛されていないこと、敬われてはいないことを知っています。

直近の部下が自分に対して柔順で忠実だとしても、腹の底から信頼しているわけでもありません。本心を言えば、「こいつらだって油断できない」という気持ちがあります。裏で結託して自分を追い出すかもしれないという不安だってあります。

だから徹底的に威圧して従わせようとします。少しでも批判的な側近は支社や子会社に追い出しますから、役員といえどもオレサマ社長の下では何も言えません。

そういう体制ができあがってしまうと、オレサマ社長は安心・満足できるかといえばそうでもありません。いくら社内での地位は安泰でも、業界を見渡せばまだまだ上がいます。一代で会社を作り上げたオーナー社長（オレサマ社長が多い）の場合はとくにそうで、そこでのし上がろうと思えば欲しいのはステータスになりますから政治家に近づいたりします。威張るための後ろ盾が欲しくなるのでしょう。

でもどこまで行っても満たされないのがオレサマ社長です。虚勢を張り続け、勝ち続けるためにも威圧的に振る舞うしかありません。躓《つまづ》いて権威が失墜してもまだ虚勢を張り続けます。ある意味ではみっともないし、恥ずかしい結末を迎えることが多いのです。

腹を立てるより憐《あわ》れんでいい

どんな人にでも自己愛はあります。

でも周りの人や身近に接している人が、その自己愛を満たしてくれる、つまり「あなたは素敵だ」「あなたは素晴らしい」「何があってもあなたを信じる」といった無条件の愛情で包み込んでくれない限り、自己愛が充分に満たされることはありません。

そして現実的にはそういった完ぺきな愛情に包まれる人はなかなかいません。いるとすれば、幼少期の子どもです。まだ赤ちゃんのころとかヨチヨチ歩きを始めたばかりの幼児は両親の無条件の愛情に包まれて育ちます。

あるいは大人なら恋人がいる人です。恋愛の最中にいる人は、お互いに相手を無条件の愛情で包みますからそれぞれの自己愛は完ぺきに満たされています。

ちょっとイメージしてみてください。熱烈な恋愛中の人がオレサマ化するでしょうか？

たぶん、いつも機嫌が良くて朗らかです。誰に対しても親しみをこめて向き合うでしょう。自分より能力の高い人間やルックスのいい人間に対して引け目を感じることもありません。嫉妬の感情がないのですから当然です。

対等な立場の人間を見下そうともしないし、自分の優位性をひけらかすようなこともないでしょう。いまが充分に満たされ、幸せなのですから必要ないのです。

ですから、あなたに対してずっと威張り散らし、ことあるごとに強い口調で攻撃してきたオレサマが、ある日突然、穏やかで朗らかに向き合うようになったら、「はーん、恋人でもできたかな」と想像してみてください。たぶん当たっているはずです。

つまり目の前のオレサマに対して「満たされていないんだな」と感じてしまうのは、その人の自己愛が満たされていないという想像が当たっているからであって、べつにあなたの負け惜しみではありません。

オレサマは満たされていない人、そう考えればむしろ同情したくもなるのですが、放っておくとますます図に乗るのがオレサマです。こちらの無抵抗をいいことにして、どんどんオレサマ化がエスカレートしますから、たいていの人は「こういう人間をふつうに戻す方法はないだろうか」と考えるはずです。

これは難しいです。せいぜいワンポイントの褒め言葉を用意するくらいですが、目の前のオレサマにお世辞なんて言いたくありません。ただ仕事の能力とか取り柄ではなく、「静かに話しているときの声がいいですね」程度のことは言えるかもしれません。「どうせ私はギャアギャアうるさいから、静かにしてくれって言いたいんでしょ」

そういう嫌味《いやみ》しか返ってこないとしても、ふだんの自分を褒められて悪い気がする人はいないはずです。

第3章
オレサマは弱者を攻撃する

ヘイト老人、ネトウヨ老人はただの老害なのか

定年退職して自宅に籠《こも》っている老親が、ヘイトスピーチを連発するようになったという話もよく聞きます。近所の人や親戚の名前を挙げて、聞くに堪えない言葉で見下します。テレビを観ていても同じで、「だから○○人はダメなんだ」とか「たかが芸人のくせに」といった調子でタレントやコメンテーターをこき下ろします。いわゆる「老害オレサマ」です。

いまは70代80代でもスマホやパソコンでネット情報ぐらい検索しますから、親が何に熱中しているのかと思ったらネトウヨと化して書き込みに精を出していた、という話もあります。

ヘイト老人もネトウヨ老人も、子どもや家族にしてみれば、「現役のころはあんなに穏やかで分別もあったのに」とショックを受けますから「認知症の始まりだろうか」

と考えてしまいます。

私は高齢者には老害を振りまく人と、逆に老害扱いされるのを恐れる老害恐怖症の人と二つのタイプがあると思っています。老害を振りまく人は自分が正しいと思っているから相手や周囲の反応などまったく気にしなくて言いたいことを言えますが、恐怖症の人は自分が老害となるのを恐れて、必要以上に慎重に周囲や世の中の雰囲気を読んで行動します。

当然、前者は周囲からは老害扱いされますが、本人はやりたいようにやっているのですからいい気分です。

後者はどうかといえば周囲からは愛されるでしょう。物わかりのいい良識のある高齢者です。でも老害恐怖症だとすれば「世間に迷惑をかけてはいけない」と遠慮しながら生きていることになりますから、必ずしも幸せな高齢者とは言えないような気がします。典型的な例でいうと、「老害になってはいけない」と自分から免許を返納するような人です。家族や周囲から褒められるかもしれませんが、それが幸せな生き方なのかどうかはわかりません。

ただ一つだけ言えるのは、これだけ超高齢社会になってしまうと、かつてのように長生きしているだけで周囲から敬われることはなくなっています。私たちにはいくつになっても周りから認められたいという欲求がありますから、老害も老害恐怖症も欲求が満たされにくい時代の高齢者ということでは同じということもできるはずです。

弱者を攻撃することで憂さ晴らしするオレサマ

さて、ネトウヨ老人にもヘイト老人にも「オレサマ」特有の心理を認めることはできます。そのいちばんの特徴は弱者を攻撃するということです。しかも自分が間違いなく勝てる相手、みんなが叩いている相手や、マスコミに叩かれている人間を「これでもか」とばかりにこき下ろします。

ヘイト老人の場合は家族や身近な人間の前で弱者を罵《ののし》ることで、自分の強さを見せつけたいのでしょう。ネトウヨ老人の場合は、大勢で特定の相手をバッシングしてそのときだけいい気分になればいいのでしょう。

老人に限らないのですが、こういうタイプのオレサマ、叩ける相手を見つけていい気分になるオレサマが、じつはいまいちばん増えているオレサマで、電車オレサマとか部下オレサマなどよりははるかにその数は多いはずです。

もちろんネットの影響も大きいです。

いままでなら叩きたくてもできなくて、陰で悪口をいう程度だったのに、SNSの世界なら直《じか》に叩けます。叩いて「いいね」が集まればますます気分が良くなりますから、面と向かっては勝てない相手であっても「こいつは叩ける」と思ったときの叩き方がひどくなります。

最近のテレビや週刊誌も同じです。勝てるかどうかわからない相手には手を出しませんが、「こいつは叩ける」「叩いていいタイミングだ」と思えば徹底的に叩きます。ジャニーズ問題がそうですし、タレントのスキャンダルもそうです。叩けるとわかっていても勝ち目がないと思えば様子を見ていますが、勝てると思えば容赦しないのです。

当然、オレサマも便乗します。マスコミが悪者扱いしている相手なら何の遠慮もいりませんから思う存分に叩いて憂さ晴らしができるのです。

ここで考えなければいけないのは、「何の憂さを晴らすのか」ということでしょう。オレサマはなぜそこまでして弱者を攻撃しなければいけないのかということです。

じつはこういった問題はいろいろな角度から考えていく必要があると私は思っています。

オレサマはなぜ、その場の勝ち負けにこだわるのか？

オレサマはなぜ、自分の権利や狭い領分だけを守ろうとするのか？

その大きな理由の一つとして、いまの日本の格差社会、格差が固定されてしまった現実社会を挙げることができるような気がします。

逆転のない社会では小さな勝ちにこだわるしかない

いまの日本が格差社会になっていると言っても、べつに身分制度があるわけじゃないからピンとこない人がいるかもしれません。

「日本は自由だし、努力すれば誰でも上に上がっていける。学歴だってそうだし、企業で働いても同じことだ。格差を理由に努力しないやつが悪い」

そういう意見だって聞こえてきそうです。

でもそれは、この格差社会の上の階層にいる人たちの意見でしょう。

現実には子どもをいい大学に入れようと思えば中学から私立の一貫校を受験させます。かつては東大進学者の大半は都立や地方の公立高校からの受験生でしたが、いまはほとんどが首都圏の私立の一貫校です。早慶はもちろん、上智やいわゆるMARCH（明治・青山学院・立教・中央・法政）のような私立大の上位層にしても首都圏からの進学者が大半を占めるようになっています。

するとここで、すでに親の収入格差と首都圏・地方という出身地格差が歴然と読み取れてしまいます。親が首都圏に不動産を持っていれば、子どもはその恩恵で家賃やローンがいらなかったりしますから、さらにまた自分の子どもの教育にもおカネを注ぎこむことができます。

社会に出ても同じで、学歴社会は依然として根強く残っていて、一流大学から一流企業というコースはやはり常識的なコースですし、大企業と中小企業の格差も歴然としてあります。むしろだんだん格差が広がってきています。学歴格差と企業格差です。そこから当然、収入格差も生まれます。

努力すれば格差を乗り越えられるといっても、社会に出た時点ですでに乗り越えるのが難しい格差があるのですから、あとはそれ以上落ちないこと、自分より下を叩いてわずかな優越感を守ることしかなくなります。「まだ下がいる」「彼らよりはマシだ」そう考えることで自分がミジメにならずに済むからです。

部下の「逆パワハラ」も、組合が弱体化しているから大きな勝ちは目指せないというのはわかりますが、会社に対する大きな要求にはならず、びくびくしている上司を攻撃し、上司に対して自分の権利を主張するだけで終わってしまいます。でもそれによって小さな勝ちだけは守ることができます。企業でいえば大企業は悠然と構えているのに下請け同士や中小企業がつぶし合いを繰り返します。

中流が消え下流同士が貶《おとし》め合う変な社会

「一億総中流」という言葉が流行したのは1970年代のことですが、いろいろな分析はともかく、かつては日本人のほとんどに「自分は中流」という意識があったのは事実でしょう。

いまはどうでしょうか？

おそらく自分を中流と思いたい気持ちはあっても、これだけ格差が広がると真ん中は抜けて上と下だけになってしまいます。するとどうしても自分は下流という現実を受け入れるしかなくなります。

それでもどうにかして「まだマシなほう」と思いたくなりますから「下流層のなかでは上のほう」、つまり下の上とか、中の下とか思うことで気持ちを取り直そうとします。

勝ちにこだわるオレサマも同じです。

勝てそうな相手を見つけると叩いて自分の優位を確認し、それによって「まだマシ」と思い込もうとします。たとえば生活保護受給者を叩く相手は、「オレたちだってこんな安い給料で我慢しているんだ」という低所得層になってきます。「安易すぎる」「もっと努力しろ」という理屈です。

生活保護を受けるのは国民の権利なのに、オレサマは許そうとしません。自分の権利にはあれほど執着するくせに、弱者の権利に対しては冷淡なのです。

私が変だなと思うのは、不満があるならなぜ現実の社会で上を叩かないのかということです。富裕層の税金を上げろとか、相続税を上げろとか大企業の内部留保に課税しろといった上を叩く要求は出てきません。

格差の拡大した社会では、狙われるのはふつうだったら富裕層です。上を叩いて富を吐き出させようとします。ところがオレサマは勝ち目のない戦いはしません。負ければ自分が弱者だと認めるしかなくなるからです。

そこで勝てそうな相手を探して攻撃します。叩いて鬱憤《うっぷん》を晴らせば束《つか》の間の勝利感を味わえますから、弱者意識から抜け出すことができるのです。

あなたを攻撃するオレサマも、あなたを自分より弱者だと思っています。会社でいえばまだキャリアが浅い、自分より現場の知識が少ないといった程度の理由でも「勝てる」と思うのでしょう。でももし、あなたにどんな個性であってもオレサマにはないものがあるとわかれば、オレサマはある程度、大人しくなります。あくまで「ある程度」です。

オレサマは勝ってもまだあなたに嫉妬している

それにしても不思議なことがあります。

オレサマはなぜ、あれほど弱者を叩いても飽きずにまた同じことをやるのでしょうか？

あなたがオレサマにひどい目にあっているとしたら、やっぱり「なぜなんだろう」と思うはずです。

「もう充分に私を痛めつけているじゃないか。いい加減、気が済みそうなものだけどなぜ向き合うたびに威圧的になるんだろう」

オレサマはしつこいのです。

こちらがどんなに下手に出ても自分の優越性を押しつけてきます。勝ち続けなければ気が済みません。

格差社会がこれだけ固定されてしまうともはや逆転は望めません。でも「私はこの人よりマシだ」と思いたがる優越の心理は誰にでもあります。そこが満たされない限り、不満は消えません。

でも、オレサマのしつこさはそれだけでは説明できません。身近な弱者を叩いて自分の優位性を確かめても、根本に強い劣等感がある限りそれが消えることはないからです。

あなたを苦しめるオレサマも同じで、あなたの中に自分にはない魅力や個性を認めています。たとえばあなたが気持ちのやさしい人だったり、ユーモアのセンスがあったりファッションが個性的で周囲の人が「とてもいいな」と感心するような場合です。

オレサマはそこが気に食わないのです。だから勝てる部分であなたを徹底的に痛めつけて優位に立とうとします。でも、勝てない部分がある限り、劣等感は消えません。そうなるとしつこく攻撃を繰り返すしかなくなります。

つまりオレサマは何とかしてあなたを引きずり降ろそうとしていることになります。

ここで少し専門的な話になりますが、

精神分析の世界では嫉妬には二つの種類があるとされています。とりあえず簡単に説明しますが、一つは「ジェラシー型」の嫉妬で、誰かに負けていると思ったときに、「頑張っていつか勝ってやる」と思うのがこのタイプです。

もう一つ、これはメラニークラインという精神分析学者の説になりますが「エンビー型」と呼ばれる嫉妬です。相手が自分よりいいものを持っているとわかったときに、「それを潰《つぶ》してしまえ」と思うのがこのタイプです。

たとえば素直で誰からも愛される性格の人に嫉妬するとき、「私もこの人みたいに素直になって生きよう」と思う人と、「この人の素直なところを潰してやろう」と考える人に分かれます。ふつうだったら「わたしも頑張ろう」と思うはずですが、「潰してやろう」という悪意を持つのがオレサマ人間ということになります。

格差社会が生む足の引っ張り合い

私は現代ではそういうエンビー型嫉妬が増えている、つまりオレサマ増殖の背景にはいまの日本の格差社会が大きく影響していると思っています。

どう頑張っても逆転は望めない社会になってしまうと、自分の優位性を少しでも確かめたいと思えば弱者を叩くしかなくなります。あるいは手の届くところにいる人間を引きずり落とすしかなくなります。何だか殺伐とした話ですが、それがいまの日本の現実です。

自分が頑張って上に上がるのでなく、目の前の人間を引きずり落とすことで少しでも自分の相対的な地位を上げようとします。

するとどうなるでしょうか。確かに目の前の人間を引きずり落とせば自分のほうが優位に立つかもしれませんが、絶対的な地位は変わりません。

それで思い出すのが受験勉強です。

受験勉強はライバルを蹴落とすこと、受験生同士で足の引っ張り合いをすることと勘違いしている人がいます。たとえば自分が得意な科目はライバルに勉強法を教えないとか、苦手科目に悩んでいるライバルがいても手を貸さないといったようなことですが、それでは結局、ライバルには負けなくても絶対的な学力が伸びることはありません。

足の引っ張り合いなんかするより、お互いに得意なものを出し合い、助け合ったほうが全体が伸びていきます。いま思い出せば、私が高校生のときに灘高で経験したのもお互いに助け合い、教え合って勉強するという団体競技的な受験勉強でした。優秀な生徒ほど、自分の得意科目の勉強法を惜し気もなく仲間に教えていました。それで当時の灘高の東大合格者数は全国1位だったのです。

相手の弱点を叩くとか、長所を潰そうとするようなオレサマタイプは、その相手には勝つかもしれませんが自分自身が上に上がることはありません。つまりオレサマが格差社会の申し子だとすれば、その格差社会を固定化させているのもオレサマということになります。

いまの日本はアメリカの言うことなら何でも受け入れるくせに、中国や韓国となるとすぐに叩こうとする人がいます。ネトウヨはとくにそうですが、相手を貶《おとし》めて自分の優位性を保とうとする限り、この国が落ち目になっていくのも当然のような気がします。

長い目で見ることができないオレサマ

前の章で「オレサマはその場の勝ち負けにこだわる」という話をしました。

成果主義が広まると、大事なのは将来の成長ではなくいまの結果になります。だから結果さえ出せばいい、結果が出せないやつはダメという早急な答えを出してしまいます。いまは負けてもいつか勝てるビジョンより、とにかくいま勝つことが大事になります。勝てるときに勝って報酬を得なければ成果主義のメリットはなくなります。けれどもそういう状態だと長期的なビジョンは描けなくなります。

短期に結果が出せなければ無用の人間とみなされてしまいます。人材を育てようとか、失敗してもいいから長い目で見ていこうという余裕もなくなります。

「短期でも結果さえ出し続けていけばいいじゃないか」と思うかもしれませんが、現実に日本はこの30年間、まったくと言っていいほど成長していません。経済はもちろん、医療や福祉、社会保障の面でも成長していないどころか衰退しているのが現実です。経済成長一つ取り上げても、アジアのほとんどの国が大きく成長しているのに日本だけは停滞し続けています。

ではその間に政治に何か大きな変化があったでしょうか？

何もありません。なんだかんだ言っても自民党がずっと政権を維持しています。

その理由は野党（民主党）が一度失敗したからです。政権を取らせても結果を出せなかったらもう場外宣告してしまいました。

とにかく結果を出せなかった政党は袋叩きにあってしまい、二度とチャンスを与えられることがありません。その間に格差社会は固定化してしまい、国民には無力感だけが広がってしまいました。

本来、二大政党が拮抗しているのが民主主義の前提となるはずです。一つの政党がヘマをしたら一回下野させて反省してもらう。

そうすれば、もう一つの政党が政権を取ってもいい加減な政治ができなくなります。次の選挙で負けてしまうからです。二大政党ならちゃんとやらないと交代させられてしまうから気を抜かないはずだというのが基本テーゼのはずなのです。

ところがいまの日本は、一度失敗したらもうダメ、負けたら二度とチャンスを与えようとしません。反省したはずだからもう一回やらせてみるかという余裕などないのです。それだけオレサマ化が進んできたということもできそうです。

オレサマの失敗は小さなチャンス

相手を蹴落とすことしか考えていないオレサマですから、当然、あなたの失敗には容赦ありません。これでもかとばかりに責め立ててくるでしょう。

でも基本的にオレサマは嬉しいのです。自分が勝ったのだし、優位に立ったのですから内心では喜んでいます。徹底的に勝たなければ気が済まないから責め立ててくるだけです。そういうときは「仕方がない」と諦めてください。案外、勝ち誇っているオレサマが手を貸してくれたりします。礼を言えば心底嬉しそうな顔になります。

ところがオレサマも失敗します。

そういうときは気がつかないふりをしておきましょう。オレサマは屈辱感で煮えくり返っています。失敗を知られたくないし、ましてあなたに指摘されたら逆上しかねません。

でも大きな失敗なら隠している場合ではありませんから、あなたに助けを求めるかもしれません。そういうときは淡々と手を貸してあげましょう。

余計な慰めは言わなくていいし、励ましも無用です。

黙って手を貸すだけでいいのです。とにかくオレサマの屈辱感を刺激しないことです。

でもこれでオレサマはあなたに借りができたことになります。自分の優位性を守りたいオレサマは借りを作るのは我慢できないはずです。

するとあなたが失敗しても、いままでのようにギャアギャアうるさく責め立ててくることはあまりなくなります。しばらくは（どれくらい続くかはわかりませんが）、平穏な関係に戻ります。

あとはもう「助け合う関係のほうが楽だな」とオレサマが気づいてくれることを願うばかりです。

オレサマがいるならワタクシサマもいる

ここまで、オレサマを男性とも女性とも特定しないで話を進めてきましたが、オレサマという言葉だけだと何となく男性のような印象を与えます。たしかに電車オレサマや社長オレサマの多くは男性です。ヘイト老人やネトウヨにしても男性のイメージが強いです。

けれどもこれだけ女性が社会に出る時代になれば、生きづらさも男性同様に、女性も感じているはずです。格差の固定化や拡大、逆転のない時代の閉塞感、被害者意識の蔓延と考えてくると、なんだかんだ言ってもまだ日本は女性が弱者の社会ですから、当然、女性の中にも「ワタクシサマ」が増えてきます。

たとえばあなたを苦しめたオレサマは女性かもしれません。いまだに男が威張っている会社組織は多いのですから、女性の多い部署にはそれだけで弱者としての意識が広がりやすくなります。意識されなくても潜在化しやすいのです。すると、その中ではせめて勝ちたい、自分の権利や個性や能力を認めさせたいというオレサマ感覚は強まります。

たとえば女性社員の中に、もし若いとか美人というだけで男性社員に人気があったり、能力もあって仕事にも積極的な後輩がいれば、ワタクシサマの心も穏やかではなくなります。少しでも自分に逆らったり、あるいは指示に従わない素振りを見せればエンビー型の嫉妬が膨らんできます。

自分が理想とする仕事に向かい、リーダーとなって活躍する女性、男性社員からも認められている女性には同性に対する嫉妬はありませんが、キャリアも実務能力もあるのに自分が思うような権限がない女性社員にはやはり被害者意識というか、ひがみのような感情が膨らんできます。

するとどうしても、周りからちやほやされたり上司の受けのいい同性の社員に対して「いまのうちに潰してしまえ」という気持ちが生まれてきます。女性社員の中での自分の地位や領分だけは守り抜こうというオレサマ感覚が生まれてきます。せめて弱者グループの中での勝者であろうとするのです。

あるいはサークルや近所のグループ、いわゆるママ友グループでも同じです。「この中では優越性を保ちたい」と思えば、差し当たって新しく入った仲間や気の合わない人間を叩いてまずその優越性を確保しようとします。

ここで「それなら味方や自分のファンを増やせばいいじゃないか」と思う人がいるはずです。実際、ワタクシサマも最初は優しいのです。「わからないことや、困ったことがあるときは何でも相談して」という態度を取ります。

ところがそこで、相手が別の仲間に近づいたり意外にグループの評判が良かったり、つまり自分の援助を必要としない人間だとわかれば途端にオレサマ化します。「こいつを潰してしまえ」という怒りが膨らんでくるのです。オレサマに男女の違いはそれほどないということになります。

オレサマ的フェミニストに取りこぼされる女性たち

女性の話になったので、一つだけ触れておきたいことがあります。

日本は世界の中でも女性の管理職や自治体の首長や大臣、あるいは大学教授などの数が少なく、いわゆるジェンダーギャップ指数の低さが問題視されてきました。

そのせいもあって男女共同参画が叫ばれて、社会の風潮として能力があれば性差は問題ではないという考え方が広がりつつあります。

この風潮はもちろん歓迎すべきだと思います。とはいえどこかに「強い女性を満たしてやればいい」という思い上がった発想が含まれていないでしょうか？　弱者も含めたすべての女性に目が向けられているだろうかという疑問です。

現実問題として働く女性の大半は非正規雇用です。それも飲食やサービス業界が多くてコロナ禍では真っ先にクビを切られて自殺者も増えました。母子家庭の大半は貧困家庭ですし、生活のため風俗業界で働かざるを得ない女性も多いですし、レイプ事件が明るみになるのはほんのわずかのケースでしかありません。その上、逮捕されても3割しか起訴もされません。つまり一部の強い女性は満たされても、女性の大半は相変わらず弱者のままなのです。

このことは強い女性にも認識されているはずなのですが、強い女性はなぜか弱い女性に冷淡です。「こういう人たちがいるから、いつまで経っても女がバカにされる」と受け止める場合が多いような気がします。

男性にも同じことが言えます。口ではダイバーシティー（多様性）だ、インクルージョン（包括）だと唱えますが、基本的に強い女性を念頭に置いていないでしょうか。強い女性たちさえ持ち上げておけばいいという発想であって、弱い女性を守ろうというう意識が乏しく見えます。つまり、管理職とか要職の女性を増やせばよいというふうになりがちで、女性の非正規雇用の問題などは置き去りにされるのです。

だから私は、いわゆるフェミニストたちの薄っぺらさに腹が立つこともあります。

強い女性に対しては従来の価値観を否定する立場を見せますが、弱い女性に対してはふんぞり返って見下したり、男優位の価値観を押しつけたりしてくるような自称フェミニストのことですが、これもいかにもオレサマ的な態度になります。弱者に威圧的で、強者にはこびへつらっているだけだからです。

弱い立場の女性を含めて女性の地位向上を進めようとする本当のフェミニストが増えてこそ、多様性を認め合う社会が実現するといえるでしょう。

第4章 オレサマは「いま」しか見ていない

希望が見えない人ほど「いま」に固執する

商店街の歳末セールのくじ引きで、大きな箱をガラガラ回して当たり玉がポンと飛び出す仕掛けをガラガラポンと言いますが、出来上がった秩序や思考法をいったん全部壊してしまって最初からやり直すことの意味にも使われる言葉です。

たとえばビジネスでもプランが固まってきて、それでもどうしてもうまくいかないときに「いったんガラガラポンしよう」と言います。全部壊して一からやり直そうという意味です。一つのプランに固執してしまうと、新しい視点や発想が出てこなくなり、それで全体が行き詰ってしまうというのはよくあることです。

世の中にも同じことが言えます。

社会や経済が硬直化してくると、変化が生まれなくて現状維持だけを目指すようになります。いまを守ろうという発想ですから、停滞したり行き詰ってしまったりしたときには、そのままズルズルと衰退していくしかなくなります。

じつはいまの日本がそういう状況だと私は思っています。前半の章で説明してきた格差の拡大と固定化、行き詰まっているのに自民党が政権を取り続けている現状、あるいは自分の権利や領分だけに固執する人間の増加、すべて硬直化と閉塞感に満たされ、現状維持にしがみついている状況です。

そうなってくると、いったん現状を壊してしまい、一から未来を見つめてやり直そうという気持ちなんか誰も持たなくなります。

たとえば「いまはダメでも10年後、20年後には目標を実現しよう」とか、「落ちるところまで落ちていいから、自分がほんとうにやってみたいことに挑戦してみよう」といった未来に希望を託す生き方です。

いきなりこの本の結論を書いてしまうことになりますが、自分がやってみたいことや、実現したい目標をしっかり見つめて「いま」を我慢できる人なら決してオレサマにはなりません。「いま」の自分の領分が少しぐらい侵されても、あるいは権利がないがしろにされても我慢することができるからです。

あなたを苦しめるオレサマはどうでしょうか？

弱者に手加減せず、自分の権利や領分に固執します。少しでもやられたらその場で復讐に出ます。これ以上、落ちたくないという現実的な願望だけに振り回されています。見つめているのも当然、「いま」だけです。いま勝たなければいけない、いま負けるわけにはいかないという強い欲求があります。これっぽっちも未来なんか見ていないのです。

ガラガラポンのたびに日本は成長してきた

私は日本の成長はガラガラポンのたびに起こってきたと考えています。

明治維新は長い封建時代をひっくり返しました。身分制度をガラガラポンしたことになります。日本は世界に目を向けるようになり、一流国を目指そうという機運が高まりました。

第二次大戦後のガラガラポンも、威張る軍人を引きずり降ろし、財閥や地主や富裕層もガラガラポンして、誰でも頑張って勉強すれば望む地位を得ることができるという希望を与えました。もちろん姿を変えながら旧財閥も生き残り続けましたが、現在の大企業の大半は戦後、ゼロからのスタートになります。

そういう時代は、たとえ貧富の差があったとしても、「頑張れば私だって上に行ける」という素直な希望が持てたし、事実、貧しい家庭に育っても一流の国立大を出て大企業や官僚を目指した若者は多かったのです。

もっと上を目指そうというバイタリティのある人間が組織に活気を生み出し、どんどん企業体質を変えていきました。いまできないことを諦めるのでなく、「いつかきっと」と考えることで新製品を生み出し、新しい市場を開拓していったのです。ガラガラポンのたびに日本は成長してきたというのはそういう意味になります。

ところが停滞や低迷期に入ると、現状維持だけを考えるようになります。よく言えば成熟期ですが、どうしても過去の成功を真似し、他社のヒットを追従するようになり、既存の枠組みから抜け出せなくなってしまいます。

これはユーザーも同じで、売れている商品なら安心とか、テレビに紹介されたから私もといった発想になってしまいます。とりあえず安心なものを求めるのですから、これも現状維持の考え方です。新しいものに手を出して失敗したくないと考えます。

けれどもその状態で格差が拡大し、固定化されてしまうと、自分が弱者の場合はどうなるでしょうか？

いろいろな枠組みがしっかり出来上がってしまうと、上を目指そうという気持ちは生まれてきません。それでも自分の優位性を確かめたいという気持ちは誰にでもありますから、せめて目の前の相手、自分より弱い立場の人間を叩くことで鬱憤《うっぷん》を晴らそうとします。

あるいは未来への希望が持てなければ、せめて「いま」だけはいい気分でいたいと考えるのがオレサマです。「いま」に少しでも不満があるとたちまち攻撃的になってくるオレサマがあまりに多いのです。

閉塞感がオレサマのイライラを募らせる

日本は戦争で負けて焼け野原となって何もかも失いました。戦争という同じ過ちは決して繰り返してはならないと思いますが、終戦の日、不思議な解放感があったといいます。

「いままでの我慢は何だったのか」「これからどうなるんだろう」という失意や不安より、「何とかなるよ」「きっといい日が来るよ」という希望を多くの人が持てたからです。

いまは逆です。

「このままずっと我慢するしかないのか」と無力感に包まれるだけでは、「いま我慢すれば何とかなる」という希望は持てません。未来に希望が持てなければ、とりあえず「いま負けないこと」、いまの領分や権利を守ることだけを考えてしまいます。

勝ちにこだわる、弱者を攻撃する、といったこれまでに説明してきたこともすべて同じです。自分を取り巻く世界に大きな変化が望めない限り、オレサマはいまの自分の優位性を確認することでしか安心できないのです。

電車の中の小競り合いでも気がつくことがあります。

混雑を我慢して職場に着いても、成果主義になってしまうと気が抜けません。給料は上がらない、締め付けは厳しい、周囲がみなライバルという職場はつねに緊張を強いられた状況で閉塞感が強まり、いつもストレスを抱えている人がいます。

それに比べて年功序列の時代はのどかなものでした。

出勤すると男性社員はまずプロ野球の贔屓《ひいき》チームが「勝ったぞ」「また負けた」と前夜のナイターの結果を話題にします。上司も朝刊を開きながら部下のやり取りに加わってしまい、「さあ、仕事に戻れ」と部下に号令をかけます。

なんだか家族が集まっているような和やかな雰囲気があったのです。そういう職場の気楽さや居心地の良さを思えば、通勤電車の混雑も我慢できます。その時間さえ我慢すれば良かったからです。

いまの時代は出勤と同時に業務に取り掛かる社員がほとんどです。通勤電車の混雑から解放されても閉塞感は消えません。実績によって評価が決まる時代になると、職場にいる時間は、いつも気を抜けず敗北感や苛立《いらだ》ちに包まれる時間になってしまいます。するると、帰りの電車の中でバッグがぶつかったとか肩を押されたといった程度のことでも、「こんなやつに負けてたまるか」という気にならないでしょうか？

どこの誰だか知らないけど、とにかくいま負けてしまったら職場と同じように敗北感を味わうことになってしまうのですから、押されたら押し返そうとするし、不快に感じたら文句を言って撥《は》ね除《の》けるしかありません。どうせ二度と会うこともない相手だからこそ、いま負けるわけにはいかないのです。

加えて格差の拡大と固定化も閉塞感や敗北感を募らせています。

オレサマにとっては辛い時代です。というより、自分の領分や権利に執着する人にとっては、オレサマ化することでしかその閉塞感や敗北感から抜け出すことができない時代という見方もできるような気がします。

他人の話に割り込むオレサマ

オレサマの特徴の一つに他人の話に割り込むというのがあります。

自分が除け者にされるなんて、オレサマにとっては屈辱的です。職場のグループでも趣味や遊びのグループでも、何人かが盛り上がっているとそれだけで不機嫌になります。そこに自分が入れないというだけで弱者の意識が膨らんでしまうからです。

大きな組織の上には立てなくても、小さなグループの中ではせめてリーダー格でなければ気が済みません。会話の内容に興味がなくても、あるいは仕事の手が離せなくても、自分が外されてしまったら領分も個性も無視されているように感じてしまいます。

そこでオレサマは会話の中に割り込もうとします。

といっても盛り上がっている会話に入ろうと思えばまず聞き役になるしかありません。何の話なのか、どこまで進んでいるのかを確かめないと会話に入れないのです。

でもオレサマは相手に合わせるとか他人の話を聞くのが嫌いです。自分が主導権を取らないと気が済まない性質なのです。

そこで強引に割り込んで、一気に自分が主導権を握ろうとします。みんな

が映画の話で盛り上がっていても、「ねえ、そういえばランチのいい店見つけたよ」と来ます。「全然関係ないじゃないか」とみんなは思いますが、無視すれば不機嫌になるとわかっているので「どこですか?」とつい聞いてしまいます。あとはもうオレサマの言いたい放題、思う壺です。

でもなぜオレサマは会話の流れに自然に入ろうとしないのでしょうか。「最近忙しくて映画館なんて全然行ってないな、お薦め教えて」とみんなに合わせることができないのでしょうか。

それをやれば自分の負けだと思ってしまうからです。だんだんに会話の流れに入るのでなく、とにかくいきなり勝ちたい、いま勝ちたいという欲求が強いのです。そういう心理がどうして生まれてくるのか、少し考えてみましょう。

オレサマは自分にも自由があることに気がついていない

どんなに世の中が閉塞感に満たされていても、私たちの自由がすべて奪われているわけではありません。たとえばコロナ禍の最中に自粛ムードが高まりましたが、べつに旅行も外出も友人との飲食だってやろうと思えばできたはずです。実際、自粛なんて変な話で自分の判断で外出を控えるのならともかく、世の中全体が自粛警察みたいに目を光らせ、自由に動いている人を非難し、その同調圧力に負けて自分から自由を封じ込めた人が大勢いたはずです。

こういうときに張り切るのがオレサマたちで、みんなが自粛を強いられるのが嬉しくてたまりません。思うように動けない弱者の立場の人たちが増えることになるのでオレサマは元気づくのです。

たぶんコロナ自粛が盛んだったころは、身近な人間がうっかり「昨夜は友人と久し振りにご飯食べた」とか「旅行に行ってきた」と漏らせば、オレサマたちは目の色を変えて非難したはずです。「何考えてるの！」「いまは我慢の時期でしょ！」「私だって我慢してるのよ！」と攻撃したはずです。

オレサマが我慢していたというのは全部ウソで、一緒に食事する友だちも旅行につき合ってくれる友人もいません。オレサマはむしろ周囲の人が我慢を強いられるのが嬉しかったのです。みんなが自粛なら自分が除け者にされる心配はありません。

でもオレサマは大事なことを忘れています。

みんなが自粛して家に閉じこもっているなら、オレサマこそ自由に動き回って勝利感に浸れば良かったはずです。そうすれば弱者意識からも自由になれたし、被害者意識だって吹き飛んだはずです。

なぜ自由に動き回ろうとしなかったのでしょうか。

理由は単純で、オレサマは自分が自由だということに気がついていないのです。

狭い領分や権利や個性にこだわるあまり、小さな世界でしか威張れなくなっているオレサマはそこから飛び出せないのです。

いつも目の前の相手に勝つことや、自分より弱いと思った相手を叩くことだけ考えているオレサマにとって、その狭い世界から飛び出すなんて思いつきもしないのです。

広い世界に出れば自分より強い人間がいくらでもいます。勝ち目のない個性や能力を持った人間もいるし、経済力でもミジメな敗北感を味わうしかなくなります。

つまりオレサマは、息苦しいいまの時代、閉塞感に包まれながら生きていくしかない、いまの時代の申し子ということもできるのです。

狭い領分にしがみつくから自由になれない

自由に生きて自分の世界を広げていけば、それだけ敵や勝てそうもない相手と向き合わなければなりません。

もともとオレサマの領分は狭いという話をしてきましたが、狭い世界で特定の相手を潰すことに熱中するのがオレサマでした。そこに熱中している限り、オレサマは広い世界に興味を持ちません。そこでも勝てると思うほどの自信がまったくないのです。

例えばやりたい放題で怖いものなしに見える社長オレサマで考えてみましょう。

かつての経営者には「教えを乞う」という謙虚な姿勢がありました。松下でもホンダやソニーのような大企業の創業者でも、いい製品を作るために優秀な技術者や研究者に自分から足を運んで知識や技術を学ぼうとしました。大きな目標実現のためには自分の権威だの地位だのにこだわったりしません。必要とあれば異業種や他分野の研究者、技術者に教えを乞いました。狭い世界に閉じこもったりはしなかったのです。

社長オレサマはどうでしょうか。

ほとんどの場合は自分がいちばん偉いと思い込んでいます。社内の権力を独り占めにして満足します。狭い範囲でなら怖いものなしですが、異分野に進出して世界を広げるときにも自分のやり方や成功体験に固執します。そしてたいていは失敗します。

職場やグループの中であなたを苦しめるオレサマも同じです。あなたの前では威圧的に振る舞いますが、他の部署やグループに自分から近づこうとはしません。低姿勢になって何かを教えてもらおうという気持ちはないのです。自分が所属する場所の中で、自分の権利や領分を守ること、弱者を叩いて優越性を確認することだけで精一杯です。

そう考えてくると、オレサマが自由になれないのはオレサマ自身が狭い世界から出ようとしないからだということにならないでしょうか。格差が固定化し、閉塞感が強まった社会ほど、弱者は自由を選ぼうとせずに身近な世界に閉じこもってその中でさらに弱者を見つけ、ターゲットにして攻撃する傾向があるような気がします。コロナ禍の自粛ムードがそうだったように、たとえば戦争中はお互いに監視の目を光らせ、みんなが自粛警察でした。

そういう社会になってしまうと、どんなに息苦しさは感じても自由があることを忘れてしまいます。いまいる場所から飛び出してどこか違うところ、広い世界に出ていこうという気にはなれません。狭い場所にしがみついてそこで負けないことだけを考えるようになってしまいます。

狭い世界では「いま」だけが大事になってくる

自分の権利や領分を侵されるとそれだけでカッとなってしまうオレサマは、広い世界に出てしまうと何もかも気に食わないことだらけになって気の休まるヒマがありません。

その点で、狭い世界で身近な人間だけを攻撃しているのは楽です。

相手は目の前にいる人間だけ、しかも「いま」さえ勝てばいいのです。ここでオレサマは「いま我慢してもいつか勝てばいい」とは考えません。

なぜなら「いま我慢すれば自分の優位性が脅かされる」と考えてしまうからです。

弱者意識が染みついてしまうと、小さなことやつまらないことでも、一度相手の言いなりになってしまうとそこで弱者の立場が固定してしまうと思い込みます。まして成果主義の社会になってしまうと、いま勝っていま恵まれなければ意味がなくなります。我慢しても将来が保証されているわけではありませんから、要求はその場その場で通しておかないと損すると考えてしまいます。

たとえば逆パワハラで自分の権利や領分を守ろうとする部下にしても、上司の指示に素直に従っても何も保証されないことを知っています。上司だって将来が保証されているわけではありません。そんなあやふやなものに頼るより、いま勝って少しでも自分の権利を守るほうが大事になってきます。

広い世界や違う世界に飛び出そうと考える人なら、そこで最初は苦労することも自分がいちばんの弱者になるかもしれないことを覚悟します。でもそれは仕方のないことで、教わったり従ったりしても我慢するしかありません。

ところがオレサマはいまいる場所にこだわります。

そこで自分の優越性を確かめ、権利や領分を守ることだけにこだわりますから、どうしても「いま」だけが大事になってくるのです。

なぜどうでもいいようなことにこだわるのか

ある女性社員が先輩の女性社員にお茶を出したそうです。べつに機嫌を取ろうと思ったわけではなく、自分のお茶を淹《い》れたついでに先輩にも出しただけのことです。「ちょっと一息つきたい時間だから、べつに迷惑ではないだろう」と思ったのです。ところがその女性社員は「私がお茶どころじゃないくらい、見ればわかるでしょう」といきなり不機嫌な顔になりました。

ふだんから突然に怒りをぶつけてくる先輩ですから、この女性は「しまった」と思いましたが手遅れです。

「それにこの茶碗は地味過ぎて嫌いなの。年寄りなら地味でいいというわけじゃないのよ！」とどうでもいいようなことにまで怒りをぶつけてきます。

挙げ句に「気を利かしたつもりなら茶菓子くらい出しなさいよ！」。

この「どうでもいいようなことにこだわる」というのも、オレサマの特徴です。理由はやはり「いま」しか見てないからです。いまやり過ごしてしまえば、もともとどうでもいいようなことなのですから、そのうち忘れてしまいます。

けれどもそれではオレサマにとって敗北なのです。

相手のやり方を受け入れてしまった。

自分が我慢してしまった。

淹れてもらったお茶を飲んだら相手の好意に従ったことになる……

そんなこんなに一瞬で気がつくのですからオレサマも大したものですが、要するに素直になれないだけのことです。

おそらくオレサマに苦しめられた経験のある人は、いま思い出しても「なぜあんなことで」と不思議になることがたくさんあったと思います。

けれども勝ちにこだわるオレサマにとって、どんなに些細《ささい》なこと、どうでもいいようなことでも、相手に従うのは自分の負けを認めることになってしまいます。好意を受け入れるのも負け、相手のやり方に合わせるのも負けです。これでは気を緩めることすらできませんから、オレサマはいつもピリピリしていることになります。

第5章 オレサマの被害者意識はどこからくるのか

「なぜ私ばかり」というオレサマの不満

オレサマに苦しめられている人は、「なぜ私ばかり」と悲しくなります。

「他の人にはそうでもないのに、なぜ私にばかりきつく当たるんだろう」

「世間には人の良さそうな顔を向けるのに、私に向ける顔はなぜ険しいんだろう」

そう考えてくると、自分だけが被害者のような気がします。

ところが加害者のはずのオレサマも被害者意識を持っていることが多いのです。

たとえば職場やサークルであなたを苦しめるオレサマは、決してみんなから尊敬され、愛されているわけではありません。表向きは仲間のように振る舞ってくれる人もいますが、グループ全体のリーダーではありません。じつは能力も個性もそれほど認められているわけではなく、どちらかといえば口やかましいわりには軽んじられている存在です。

あるいは恵まれた家庭環境で育ったとか、学歴も高くて難しい資格や高度なスキルを持っているというわけでもありません。

だからこそ周囲には負けたくない、同じレベルの人間は叩いてもいいから自分の優位性を見せつけたいという気持ちがあります。

あるいは、せめていまの自分の能力や個性、いま持っている権利だけは守らなければいけないという強い思い込みがあります。そこすら失ってしまったらいちばんの弱者になり下がってしまうという焦りがオレサマにはあります。

想像してみましょう。

もし亭主オレサマが、家庭内でも妻に従うしかなくなったら、やるせない気持ちになるでしょう。職場では弱者でも家の中で威張っていればまだ救われますが、家の中でも弱者に成り下がったらもう、ヘイトかネトウヨの世界で憂さ晴らしするしかなくなってしまいます。あるいはコンビニで店員を怒鳴り散らすカスハラしかありません。

いちばん手っ取り早いのは職場の弱者、パートや再雇用の非常勤職員に威張り散らすことです。世間にも不機嫌な顔で向き合うようになれば、たった一つの取り柄《え》だった「世間面のいい亭主」すら返上することになります。とにかくオレサマにも「なぜ私ばかり」という強い不満があることは知っておいたほうがいいでしょう。「この人も可哀想《かわいそう》なんだ」と思えば、オレサマへの怒りが少しは小さくなるかもしれません。

自分は愛されていないという根源的な不満

私たちにはさまざまな欲求がありますが、誰かを愛したい、誰かに愛されたいというのはとても根源的な欲求になってきます。そこが満たされたときに、たとえば目の前の相手に勝ちたいとか、自分の領分を守りたいといった欲求はどこかに消えてしまいます。自分が愛されているという幸福感は、「このままの自分でいい」という安心感を生み出しますから、自分を認めてほしいという自己顕示欲も小さくなります。誰かに愛されているという実感は、いまのままの自分が丸ごと、受け入れられているという安心感を生み出すからです。

オレサマには、この安心感がありません。

いつも自分の権利や領分が侵される不安があります。自分を丸ごと他人に委ねるという大らかな気持ちにはなれないのです。したがって、ここまでにも触れましたが、オレサマがもし、熱烈な恋愛でもしたら一切の不満が消えてしまいます。

あるいは一緒にいるだけで気持ちが穏やかになったり楽しくなったりするような気の合う人が現れたときです。恋愛というほど情熱的でなくても、波長が合うというか、その人と過ごしているとくつろいだ気持ちになれるような相手です。

実際、ずっと刺々《とげとげ》しくて気難しい印象だった人が、久しぶりに会ったらすごく穏やかで朗らかな人に変っているときがあります。60代とか70代とか、「年齢からすると依然より頑固になっているんだろうな」と思うと拍子抜けします。

そういうケース、じつは新しいパートナーと暮らしていることが多いのです。ぶつかってばかりいた妻と別れて、リズムや好みや考え方が合う、自然体で向き合えるパートナーと楽しく暮らしていたりします。

同性同士でも構いません。

趣味や遊びの世界でお互いに信頼し合えて協力し合える相手が見つかったようなときでも、オレサマは変わります。大きな安心感が生まれるということは、オレサマの根源的な欲求が満たされることにもなるからです。

この「自分は愛されている」という大きな安心感は乳幼児のころにまで遡《さかのぼ》って考えることができます。

エンビー型の嫉妬とジェラシー型の嫉妬

乳幼児のころの私たちはまだ精神も知能や感覚も混沌とした状態です。身の周りのさまざまな刺激や状態をそのまま受け入れて過ごしますから、いちばん身近な両親との関係が精神や性格形成に大きな影響を与えることになります。

とくに大事なのは母親との関係で、ここで充分な愛情を注がれて育つかどうかが大事なことになってきます。

わかりやすい例で説明すると、母親は赤ちゃんにおっぱいを与えます。赤ちゃんはそのおっぱいに夢中で吸い付きますが、美味しいおっぱいが自分にはなくて母親にしかないことに気づくと悔しくなり噛《か》みつくようになります。

けれどもそこで母親がひたすらに愛情を注いでおっぱいを与え続けると、赤ちゃんは自分が噛みついたおっぱいこそ自分を愛してくれる人、つまり母親のものだと気がつきます。そこから精神分析の世界で説明するところの抑うつポジションというものに入るのですが、ここで大事なのは前半の章でも少し触れたエンビー型の嫉妬と、いわゆるジェラシー型の嫉妬の関係になってきます。

大好きなおっぱいが自分にないことを悔しがり、それに噛みつこうとするのがエンビー型の嫉妬になります。相手に自分よりいいものがあると、それを潰《つぶ》そうとするのがエンビー型の嫉妬です。

母親が充分な愛情を注ぐと、つまり噛みつかれてもひたすらおっぱいを与え続けると赤ちゃんはエンビー型の嫉妬から抜け出すことができます。もしここで、母親が噛みつく赤ちゃんを叱ったりおっぱいを与えないようにするとエンビー型の嫉妬から抜け出すことができなくなります。

一方のジェラシー型の嫉妬は、誰かに負けていると思ったときに、自分も頑張って「いつか勝ってやる」と考える嫉妬です。簡単に言えば、相手の長所を潰したり、短所を攻撃することで勝とうとするのがエンビーで、自分の長所を伸ばしたり、相手より劣っていると思う部分を鍛えて伸ばそうとするのがジェラシーということになります。

ここまでの説明であなたは気がついたと思いますが、いわゆるオレサマの嫉妬はエンビーになります。目の前の相手を叩いて自分の優位性を確保する。相手の弱点を徹底的に攻撃して勝ちを目指す。相手に自分より優れているところがあっても認めようとはしない。すべてエンビー型の嫉妬になります。

そこでさらに気がついたことはないでしょうか？

社会の閉塞感は厭《いや》な嫉妬ばかりを広げてしまう

いまの日本で嫉妬という言葉を持ち出したとき、まず浮かんでくるのはエンビー型の嫉妬になってきます。

頑張って上を目指すより、周囲や目の前の気に入らない人間、邪魔な人間を叩いて潰そうとします。自分より優れているところがあっても、それをけなしたり弱点を攻撃して引きずり降ろそうとします。

勝てそうもない相手には手を出しませんが、そういう相手が少しでも弱点を見せてしまうとここぞとばかりに攻撃します。タレントでも政治家でも企業オーナーでも文化人でもすべてターゲットです。社内でも同じで、勝てない相手には揉《も》み手で接するくせに、その相手が一度でも失敗するとここぞとばかりにけなします。

結局、格差が固定化し、成果主義が当たり前になってしまうと、負けている側は自分も頑張って相手と同じレベルになろうとするジェラシー型の嫉妬は持ちようがなくなりますから、上の人間は引きずり降ろす、同レベルの人間は突き落とす、自分より劣ると思える相手は徹底的に叩いて上がってこられないようにするようになります。

だから同じ部署やグループの中に少しでも自分の上に行きそうな人間がいたら、弱点や欠点をついて早いうちに潰してしまうという、エンビー型の嫉妬に満たされてしまいます。まさにオレサマ化するしかなくなるのです。

でも、そうじゃない人がいることもあなたは知っているはずです。

他人の羨《うらや》ましい長所や能力を素直に認め、何とか自分もそうなろう、追いつこうと考える人です。勝てないライバルがいても、引きずり降ろそうとするのでなく、同じレベルに自分を高めていこうと頑張る人たちです。

どんなに格差が固定され、閉塞感に満たされた世の中になっても、自由だけは残されています。自分がどう生きていくかというのはそれぞれが自由に考え自由に選んでいいはずです。だからオレサマたちが「こうするしかない」とエンビー型の嫉妬に突き動かされても、「あの人が羨ましい、あの人のようになりたい」という素直なジェラシー型の嫉妬に従おうとする人も大勢いるし、あなたもたぶんそういう人だと思います。

その違いがどこから出てくるのか、もう少し考えてみましょう。

条件付きの愛情では満たされないものがある

親が子どもに愛情を注ぐのは自然なことですが、乳幼児期の短い時期を過ぎると、その内容が少し変わってきます。無条件の愛情ではなく、たとえば「自分で勉強するようになったら」とか「成績が上がったら」といったようなハードルを作って、それを乗り越えた子どもは褒めたり可愛がったりしますが、乗り越えられない子どもは叱られたり「ダメな子」にされたりします。

すると子どもは安心感がなくなります。自分が親から愛されているという安心感よりも、「認められなきゃいけない」「勝たなきゃいけない」という緊張感や圧迫感に包まれるようになってしまいます。

厳しい親ほど子どもに対して「もっと上」を目指すように教えますから、緊張感や圧迫感はいつまでたっても消えません。現実問題として親の要求に応えられる子どもはほんのわずかになってきますから、無条件の愛情に包まれて成長する子どもというのはそれほど多くはないのです。

たとえば勉強ができない、スポーツも苦手、気も弱くて友だちにいじめられているような子どもでも、親が「あなたは私たちの大事な子どもよ」「何があってもあなたを守るから」といった無条件の愛情で包み込めば、子どもは安心感に満たされます。いまのままの自分でいいんだと思えるようになるからです。

そういう子どもでも、たとえばすごく勉強のできる友だちやスポーツの得意な友だちを見ると「羨ましいな」「ぼくもいつか、ああなれたらいいいな」と

憧れるでしょう。そこから生まれてくる嫉妬はいわゆるジェラシー型になります。

ところが条件付きの愛情で育った子どもは、いまの自分に安心できないし自信も持てません。つねに周囲の友だちより自分のほうが上であることを確認できないと不安になってきます。しかも「いつか」ではなく「いま勝たなくちゃ」という焦りも生まれます。すると相手を攻撃したり弱点をつく、長所をけなすといったエンビー型の嫉妬を膨らませることになってしまいます。

相手や周囲の人間より自分が優位であることをつねに誇示しないと気が済まないオレサマは、いくつになっても気の休まることがないのです。

逆転のない社会でちっぽけな勝ちを求める悲しさ

といっても、親の経済力や生まれ育った環境ですでに格差が固定されてしまっている時代です。

その格差が会社勤めになってもそのまま持ち込まれます。成果主義は勝者にしか恩恵を与えませんから、格差はますます広がり、逆転は難しくなってきます。

それでも自分の負けを認めたくない、弱者ではあってもせめて、その弱者グループの中では勝ちたいと考えるのがオレサマです。

これではもう、小さな勝ち、どうでもいいようなことで優越感を満たすしかありません。なぜオレサマは、どうでもいいようなことで勝とうとするのか、その理由もわかってしまえば悲しい現実ということになります。

本来であれば、誰でも大きな勝ちを目指そうとします。

どうせ目指すなら小さな夢より大きな夢です。

あるいは小さな勝ちでも、それを積み重ねていずれは大きな勝ちを得ようと考えるはずです。

そうすれば小さな負けやいっときの我慢も受け入れることができるはずです。「ここで負けても次に勝てばいい」とか、「いまは我慢して相手の言うことを聞いておこう」と考えることもできます。

でも最初から小さな勝ちを目標にしてしまえば、つねにその場勝負になります。とにかくいま勝ちたい、自分の権利や領分はわずかでも侵されるわけにいかないと考えるようになります。勝つためには弱い相手、勝てる相手を攻撃するのがいちばん確実ですから、オレサマが弱者をターゲットにするのも納得がいきます。

つまりエンビー型の嫉妬というのは、逆転の望めない社会になればなるほど増えてくることになります。

勝った負けたではなく愛されるか愛されないか

オレサマにいつまでも同情していてもしょうがないので、オレサマがオレサマでなくなる日について考えてみましょう。

自己心理学で有名な精神分析医のコフートは、自己愛が満たされていないときに他人にバカにされたり負けたり見下されたときにイライラし、怒り狂ったりすることを自己愛憤怒《ふんぬ》と呼びましたが、ではその相手を攻撃すれば憤怒が収まってスッキリするかというとそうはいきません。その人が自分を弱者だとか被害者だと思っている限り、怒りは収まりません。オレサマに攻撃される人が、「これでもう気が済んだろう」と思ってもそうはいかず、しつこく攻撃が繰り返されるのも攻撃する側のほうが根本で被害者意識から抜け出せないままだからなのです。

ところがどんな分野でもいいから自分が認められたり敬われたりすると、しつこい怒りが消えてしまいます。あるいは何かしらのことで愛される経験をしただけでも怒りが消えてしまいます。

ここが人間の不思議なところで、たとえば勉強ができないスポーツもダメ、ルックスにも自信がなくていじけている少年でも、あるとき自分を好いてくれる女の子がいるとわかるととたんに性格が明るくなったり自信が生まれたりします。するとウソのように被害者意識が消えてしまい、周囲の友だちに朗らかに向き合えるようになります。

高齢者でも同じです。オレサマが歳を取るといよいよ気難しくなったり怒りっぽくなりそうですが、久し振りに顔を合わせてみると別人のように穏やかで朗らかな人になっているときがあります。愛される人に出会って再婚なんかしてすごく幸せそうに暮らしているのですが、現役を引退するともう収入とかルックスとかこだわらなくなりますから、気の合う人と出会えただけで愛されている幸福感が生まれるというのはしばしば起こること

なのです。

絵や木工、俳句や音楽のような趣味の世界でも、誘われて始めてみたら意外に性に合って夢中になったり、周りの人に「すごいね」と褒められたようなときでも被害者意識は消えてしまいます。結局、いままで出会えなかった愛される経験や認められる経験がオレサマを変えてしまうのです。

承認欲求が満たされると自己顕示欲は小さくなる

もう一つ、オレサマの心理について考える場合のキーワードは自己顕示欲と承認欲求になります。

この二つの言葉はほとんどの人がご存じだと思いますが、あえて簡単に説明してみます。

自己顕示欲というのは文字通り、自分をアピールしたいという欲求ですから、たいていの人にあります。

自分の優位性をアピールしたいとかリーダーシップにこだわる、あるいは個性をアピールしたいという欲求です。つまり自分を認めてほしいという欲求になります。

オレサマにももちろん、この自己顕示欲があります。それもかなり強烈にあります。目の前の相手に対して優位性を見せつけたい、勝ち負けにこだわるというのはそのまま当てはまりますし、特定の権利や権限に執着してそれを守ろうとするのはいわば自分の領分へのこだわりですから、個性をアピールしていることにもなります。

ではオレサマの自己顕示欲がなぜ強烈なのかといえば、もう一つのキーワード、承認欲求が満たされていないからということになります。

私たちに自分をアピールしたいという自己顕示欲があるのは、認めてほしいという気持ちがあるからです。

でもすでに充分に認められている人、周囲に尊敬され愛されているという実感のある人は、あえて自分をアピールしたいという欲求は持ちません。少なくとも、相手を叩いたり打ち負かしてまでして自分の優位性をアピールしようとはしません。

外の世界に出ても同じで、別の世界で承認欲求を満たされている人は、違う世界に飛び込んでも「勝たなくちゃ」とか「なめられてはいけない」と攻撃的になることはまずありません。いまのままの自分を充分に認めてくれ、敬ってくれる人がいると知っていれば、ありのままの自分でいいと思えるようになるからです。

一つの分野で認められ、評価の定まっている人は、他の分野に興味を広げた場合でもすぐに力を伸ばすというのがよくあります。「一芸は多芸に通じる」という言葉は方法論が身につくからという意味もあるのでしょうが、一つの分野であってもそこで認められて承認欲求が満たされた人は、何か新しい分野に飛び込んでも素直な気持ちで知識や技術を吸収することができるから上達が速いと考えることもできるのです。

オレサマの自己評価はそれほど高くない

ほとんどのオレサマは、あなたの前では自信満々に見えます。断固、自分が正しい、自分のほうがあなたより優越だと思い込んでいるように見えます。

けれどもオレサマの自己評価はそれほど高くありません。

それも当然で、これまでにも説明してきたようにオレサマには被害者意識や弱者意識が根強く残っています。だからこそ、弱者を叩かなければ安心できないのです。

心理学者のマズローが唱えた「欲求階層説」は聞いたことがあるかもしれません。

人間の欲求をピラミッド型の5段階に分けて、低位の欲求が満たされない限り上位の欲求が満たされることはないとする説ですが、わかりやすく言えば、低位の欲求が満たされていない人には上位の欲求も生まれてこないということでもあります。

五つの欲求をピラミッドの下層から並べていくと、まず生理的欲求があり、その上に安全欲求があります。食欲や睡眠欲、排泄欲など、生きる上で欠かせない基本的な欲求が満たされてはじめて、その上の安全への欲求が生まれてきます。身の安全や健康、あるいは経済的な安定を求める心理です。たぶんここまでは、誰でも実感できると思います。

3番目の欲求は社会的欲求と呼ばれるもので、帰属欲求や所属の欲求とも呼ばれます。家族や友人、会社や学校や地域社会、あるいはサークルといった何らかの集団やグループに所属したいとか、家族や仲間や友人が欲しい、そこで受け入れられたいという欲求です。人間は一人では生きられません。たとえ孤独を苦にしない人でも、やはり自分をわかってくれる人や受け入れてくれる場所が必要になります。

ここまでの3段階の欲求が満たされたとき、その上の欲求として出てくるのが「承認欲求」です。

所属する場所や集団ができたときは、そこで認められたいという欲求が出てくるのは当然のことですが、ここでオレサマを当てはめてみましょう。

オレサマは3番目の欲求、帰属や所属の欲求までは満たされています。職場の部署やサークルのグループでも、結構長い間、居座ってきたのです。

すると当然の4番目の欲求、そこで認められたいという気持ちが生まれます。本来でしたら、その欲求を叶えるためにはスキルや能力を高めて認めていこうと考えますが、オレサマは違います。まず周囲の弱者や目の前のライバルを引きずり降ろそうとします。そうすることによって、自分の相対的な地位を少しでも高め、認めさせようと考えるのです。ジェラシー型ではなくエンビー型の嫉妬がオレサマのエネルギーになります。

しかし結局、オレサマは目の前の相手を叩いたところで自分のスキルや能力が高まったという実感はありませんから、自己評価が高まるということはないのです。

ただ、これは大事なことですから覚えておいたほうがいいでしょう。

自己評価が低いままの人は、いつまで経っても承認欲求が満たされることはありません。それだけ自己顕示欲が強くなりますから、オレサマ心理から抜け出せないことになります。

第6章

離れてしまえばオレサマもふつうの人

オレサマが大きく見えたのは近づきすぎたから

同じ部署のオレサマに苦しめられ、会社を辞めた女性がいます。福祉関係の職場で、この女性は社会福祉士の資格も持っていていろいろなプランや人員配置の仕事を任され、やりがいも感じていたのですが、先輩女性のオレサマ（ワタクシサマ）から「現場も知らないくせに」とことあるごとに威圧的に振る舞われて委縮してしまい、出勤するのが辛くなったのだと言います。

ところが2年ほど経って、街角で偶然にこの二人が出会ってしまいました。この女性はかなり離れた距離でかつて自分を苦しめたオレサマに気がついたそうです。

「そしたらAさん（かつて自分を苦しめたオレサマ）も私に気がついたらしく、ちょっと困惑している様子が見えました」

逃げ腰というか、気がつかないふりをしてやり過ごそうとしている様子です。

けれどもこの女性は立ち塞がるようにAさんの前に進み、「こんにちは！お元気そうですね」と笑顔で大きな声を掛けたそうです。むしろおろおろしたのはAさんのほうでした。

「何とかやってますすよ。相変わらず忙しく動き回ってばかりだけど」

この女性は思わず「クスッ」と笑ってしまいました。

会話はそれだけで、この女性は「じゃあ」とひと声かけて別れました。べつに話したいことがあるわけでもないし、仲直りしようという気持ちもありません。ただ昔のような威圧感も嫌悪感も消えていたのですごく軽い気分でその場を立ち去ることができたそうです。

「なんだか小さくなったみたい」

そう感じたこの女性はすぐに気がついたそうです。

「そうか、私が近づきすぎたのか」

でも仕方ありませんね。そのころは狭い職場でどうしても顔を向き合わせて仕事しなければいけなかったのです。威圧感も加わって余計に大きな存在に思えたのでしょう。

「離れて良かった」とつくづく思ったそうです。オレサマは立ち塞《ふさ》がるから大きく見えるだけのことで、背中を向けてしまえば消えます。耐えられないときには職場でもグループでも抜けてしまう。我慢して向き合って潰されてしまうよりはるかにマシです。

攻撃してくる相手に悪意を持つのは当然のこと

現実問題として、オレサマの威嚇に終わりはありません。

目の前の弱者を叩くときには容赦なく徹底的に叩きます。一度勝てば満足するかというとそうではなく、自分こそ被害者だと思っているオレサマは目の前の相手につねに勝ち続けなければ気が済みません。まさに「いま勝つこと」しか考えていないのです。

そういう相手にお世辞を言っても低姿勢で向き合っても効果がありません。

どうしても我慢できないときには皮肉ぐらい言い返してもいいでしょう。たとえば自分のやり方を押しつけてくるオレサマには「なるほどねえ、いい勉強になるな」と返せばオレサマもカチンとくるはずですが、あなたの悪意を少しでも感じ取ればたじろぎます。

オレサマはどうせ、勝てる相手しか叩こうとしないのです。弱者を引きずり降ろして自分の被害者意識から抜け出したいだけです。だから相手が「意外に手強い」と気がつけば大人しくなる可能性があります。

気持ちのやさしいあなたは、他人に悪意を向けてはいけないとか、先輩や年長者には一歩引かなければいけないと思い込んでいるかもしれません。相手が同輩や年下であっても、悪意だけは向けてはいけないと考えるでしょう。

でも、どうしてもこちらを攻撃してくる相手や威圧的に向き合おうとする相手とは仲良くする理由がありません。べつに友人でも何でもない他人なのですから、悪感情が膨らんだらポンとぶつけてもいいはずです。

もちろん「バーン！」とやり返す手もありますが、すでに触れたように被害者意識が強くて狭い領分を守ろうとしているオレサマが叩かれたらエンビー型嫉妬がめらめらと燃え上がりますからどんな手で逆襲してくるかわかりません。腹いせに別の誰かが犠牲になる可能性だってあることも説明しました。

その点で、オレサマの威圧的な態度にこちらも皮肉や無視で応じるくらいのことはできます。少なくとも、まともに受け止めて被害者であり続ける必要はありません。

それをやってもオレサマの苛立ちは収まらないし、ますます調子に乗るだけなのです。

「負けない」と頑張るより「抜けちゃえ」と逃げるが勝ち

どうしても我慢できない、耐えられないというときには、それが可能なら職場に異動を願い出ることも考えてみましょう。あなたが離れてしまえばもう、オレサマは追いかけてきません。じつは過去にも辞めたり休職を願い出た人がいる可能性がありま す。人手不足の時代ですから、会社も何らかの対策を考えていることがあります。

それが難しい場合は、抜け出すというのも正しい判断になります。たった一人のオレサマのために自分がやってみたいことを諦めるとか、せっかく頑張ろうと思った仕事から離れるというのは悔しいし、「ここで負けちゃダメだ」という気持ちにもなるかもしれませんが、目の前にオレサマがいる限り、みじめな気持ちは続きます。「この人なんかに自分の夢をつぶされたくない」という気持ちになるのもわかりますが、立ち塞がり、大きく見えたオレサマも、もともと被害者意識の膨らんだ弱者の一人でしかないのです。

しかも自分の領分や権利に固執するからあなたを攻撃しているだけです。

ということは、たまたまオレサマの守りたい領地に近づいただけのことで、狭い世界での出来事でしかありません。自分がやってみたいことや力を発揮できる仕事は、オレサマが住む狭い世界の中にしか存在しないわけではありません。

むしろそこから抜け出したときに、本当にやりたいことや自分が試してみたいことを実現できる可能性が広がります。何もたった一人のオレサマのために、自分の大切な人生を犠牲にする必要はないし、可能性を潰す必要もないのです。

もしあなたがオレサマに従順になり、オレサマに合わせて仲良くなれば（そんなことがもしできるなら、ですが）、取りあえず職場は辞めないで済むかもしれません。

でもオレサマはどんなに自分に従順な人間ができても、威圧し続けます。つねに勝つことにこだわり続けるのですから当然のことです。だからあなたがオレサマ以外の人間と少しでも親しくなると「私を裏切った」と思い込みます。たとえば他の部署に尊敬できる人や教えてくれる人ができたような場合です。エンビー型の嫉妬というのは、被害者意識が根本に潜んでいることが多いので、「敵の仲間は敵」と思い込むことが多いのです。

たった一人のオレサマのために、せっかく入った職場やグループを諦めるのは悔しいことです。でも自分の人生の可能性までオレサマに潰されてしまうほうが、もっと悔しいことではないでしょうか。

オレサマの外面《そとづら》がいいのは敵を増やしたくないから

一方でオレサマが不思議なのは世間や自分が所属する世界の外に対しては愛想がいいことです。誰に対しても威圧的な態度を取るわけではなくて、職場でいえば他の部署や外部の人間、自分が所属するグループ以外の人たちには案外、機嫌の良さそうな顔を向けますから、「穏やかな人」「やさしそうな人」という印象さえ持たれていることがあります。

「なぜあんな顔ができるんだろう」と思います。

「私の前ではきつい顔、不機嫌な顔ばかりしているのに、よくもまあ、あそこまでいい人ぶることができるものだ」とつくづく感心することもあります。

オレサマ亭主がそうでした。ほとんどの「ワタクシサマ」もそうです。

理由の一つは、自分のいる世界で負けなければいいと考えるからですが、オレサマだっていつも気を張っているのは疲れます。つねに「勝たなくちゃ」「いま勝たなくちゃ」「権利や個性を守らなくちゃ」と気を張るのも狭い領分の中だけで手一杯で、広い世界や自分が所属しない世界まで領分を広げるつもりはありません。オレサマはそこまでパワフルな人間ではないし、思い上がってもいないのです。

そしてオレサマにも、「楽になりたい」という気持ちはあります。

いつも目の前の弱者を叩いてばかりですから、気の休まるヒマがありません。怖いもの知らずの社長オレサマだって、まったく自分が知られていない世界でくつろいで過ごしたいとか、自分の苦労をだれかにわかってもらいたいと考えるときがあります。それで高い金を払って高級クラブなどに行くのです。意外に、ホステスさんにいい顔をしたりします。

つまり直接張り合う必要のない世間に対してはやっぱり受け入れてもらいたいのです。認められる前に受け入れてもらいたいというのは、基本的な欲求になってきます。受け入れてもらえば、つぎは認めさせようとする欲求が出てきます。

だからオレサマも、その集団に入ったときはみんなに愛想よく振る舞っていたはずです。最初から憎まれたり敵を作ってしまうと、集団に入ることさえ難しくなってきます。腰の低い人、穏やかな人と思ってもらったほうが受け入れてもらいやすくなります。いきなり敵に囲まれてしまうと、いくらオレサマでもそこに居づらくなってしまいます。

オレサマは階級にこだわる

　ある職場で、若手社員が上司の課長の示したスケジュールに反論したときのことです。

　この社員はスケジュールに無理があること、もう少し余裕を持たせてくれないとトラブルや遅れが出たときに対応できないことや、関連する部署との調整も難しくなることなどを説いて、上司に提言したのですが、先輩のオレサマが突然、この社員に言い放ちます。

「課長の指示なんだから、まずやってみるしかないだろ。やりもしないで文句言うなんて何サマのつもりなんだ！」

　ふだんから若手社員には威圧的に振る舞う先輩でしたが、それは一対一のときがほとんどで、メンバーが顔を揃えているときには大人しいのです。ちょっとした違和感さえ生まれました。

じつはオレサマは上下関係にわりと厳しいところがあります。よく言えば秩序にこだわるし、礼儀にもうるさいのです。だから、この場合、課長の指示は絶対のものになります。

これもオレサマの変なところで、自分がふんぞり返っているときにはこちらに対する礼儀もへったくれもなく潰しにかかってきますが、直接関わりのないときでも「その口のきき方は何だ！」とか「何を威張っているんだ。立場をわきまえろ」と妙に礼儀にこだわったりします。かなり保守的な人間ではあるのです。他の部署の上司や先輩にうっかりため口なんかきいてしまうとそばにいるオレサマが突然、怒ったりします。

でもオレサマにとって上下関係や秩序は大事です。

そこがきちんと守られていないと、自分の階級すら危うくなるからです。自分より下の人間がもし、自分より上の人間に背くことを許してしまうと、自分の地位さえ脅かされる可能性があるからです。反抗を許せばそれがいつ自分に向けられるかわかりません。だから上中下といった階級付けをしっかり守らせたほうが、とりあえず自分の地位も確保できると考えるのでしょう。

世の中の格差が拡大すればするほど、この階級付けにこだわる人間が出てきます。自分を下流と認めたくない人が、「下の上」とか「中の下」とか、少しでも自分より下がいることを強調するのと同じです。中には「下の中の上」とか「中の下の中」とかややこしいことを言い出す人もいます。

階級付けをすれば、オレサマは当然、自分の地位を少しでも高くすることができます。

そのかわり、自分より上には従います。自分より下の人間に手本を見せなければ

いけないからです。
オレサマの地位を守る努力もなかなか大変なのです。

「そこは私の席だ」というオレサマの縄張り意識

オレサマが領分にこだわるという話を前半にしましたが、職場でいうならもう一つ、オレサマがこだわるのが縄張りです。仕事でも、ちょっとした作業でも長く担当してきた業務には絶対の自信というか、積み上げてきたものがあると信じていますから、部外者が勝手なやり方で動いたり後輩や新人が自分の判断を持ち込んだりするとイラッと来ます。

「そんなんじゃダメ！」「誰がそんなことやれっていったんだ」「余計なことはしないでくれ」とたちまち怒り狂います。

やるほうに悪気はまったくなく、ときにはオレサマに楽させようとかサポートしたつもりもあるのに、まったく通用しません。オレサマは自分の領分や個性にこだわるという話は何度もしてきましたが、そこから生まれてくる縄張り意識も非常に強いのです。

もちろんオレサマがどんどん出世して大きな仕事を手がけるようになれば、昔やっていた小さな仕事や作業へのこだわりはなくなります。でも残念なことにオレサマはなかなか昇進しません。というより昇進しないからオレサマになってしまうというのがありますから、現在の地位や権限を守り抜くためにも縄張り意識が強くなります。

この縄張り意識とさきほど説明した階級付けが組み合わさったのが席順です。会議やミーティングで大きなテーブルを囲むときでも、社内の食事会でも飲み会でも、とにかくメンバーが集まれば序列と縄張りにこだわるのですから、誰がどこに座るかといったことにまで神経を尖《とが》らせ、目を光らせています。無神経な若手社員が先輩社員を差し置いた席に座ればムカッとします。本人同士は何も気にしていなくて、むしろ先輩は上司の近くを厭《いや》がっていたとしてもです。

当然、自分が座るべき席にあなたがうっかり座ってしまうと、ズイと割り込んだりします。椅子席なら立ち塞《ふさ》がって睨《にら》みつけます。オレサマにとって、たとえ気の置けない集まりだとしても、序列や階級というのはつねに厳密に守られていなければ不愉快なのです。

理由はただ一つ、自分の位置を守りたいからです。

オレサマにそれほど上昇志向はありませんから、間違っても自分から地位の高い人間の席に座ろうとはしません。それをやった人間を威圧することで自分の地位を守ろうとするのがオレサマなのです。

無言のオレサマは怒りのスイッチを入れ忘れているだけ

オレサマの不気味な状態の一つに無言というのがあります。いつもなら割り込んでくる会話にも入ってきません。「いまの、気に障ったかな」と心配になるような動きをしても何も言ってきません。

オレサマの無言は不気味ですから「何かずっと腹に溜《た》めていることがあって、それで怒りが膨らんで無言なのかな」と心配になりますが、とくに険しい目つきになるわけでもありません。

かといって機嫌良さそうには見えませんから、「これは警戒したほうがいいな」とつい構えてしまいますが、あまり気にしなくていいです。オレサマにも仕事に集中しているときはあるし、悩みや心配事を抱えているときだってあるからです。

そこでうっかり、「ずっと忙しいから疲れが抜けませんね」とかご機嫌取りの言葉なんか掛けてしまうと「だったら休めば」と逆襲されます。

あるいは「仕事は忙しいほうがいいの」と諭《さと》されたりします。オレサマは同情されるのが大嫌いですし、見下している相手に頷《うなず》くのも嫌いです。負けを認めることになるからです。

だから妙に大人しいオレサマは放っておくのがいちばんです。何か頭の中を占めていることがあって、それをオレサマなりに必死に考えたり解決しようとしているのでしょう。周囲の敵も叩きたい相手のことも忘れています。

そこにわざわざ踏み込んでオレサマにこちらの存在を思い出させることはありません。そんなことをすればオレサマはたちまち怒りのスイッチが入ってしまいます。「そうだった、こいつらの好き勝手にさせてはいけない」と気がつきます。

オレサマに必要以上に神経を遣わなくても大丈夫です。オレサマにも自分だけの世界があるということです。

オレサマは簡単には挫折しない

身近なオレサマを見ていると、「こういうタイプって挫折なんかしないんだろうな」と思うときがあります。

思うようにいかないことがあっても弱者に当たり散らしたり、自分の権利や領分だけは守ります。その場の勝ちにこだわりますから、すぐに立ち直ることができます。

そもそも大きな夢や希望を持つことはありませんから、大きな挫折もありません。あるいは過去に挫折したことがあったかもしれませんが、そこから立ち直った人間が見せる明るさや柔軟さもありません。

たとえば会社勤めのころにもし、大きな挫折を味わった人間なら亭主オレサマにはならず、もう少し穏やかで妻にもやさしい夫になったかもしれません。心の深手を癒せる場所は家庭しかないと気がつけば、少しはそこを大切にしたいと思うからです。

ところが少しぐらい思い通りにいかないことがあっても、家に帰って妻に当たり散らして乗り越えてきたオレサマ亭主にとって、定年を迎えようが現役を離れようが妻こそ憂さ晴らしの相手です。世間に相手をしてくれる人間がいなくなればいよいよ家庭に閉じこもって妻にわがままを言い続けるしかなくなります。

ここで少しでも世間に出て、趣味でもボランティアでも自分がやってみたいことを試せる人間ならいいのですが、狭い領分にこだわるオレサマはもう家の中にしか居場所がありません。相変わらず妻を叩きまくって憂さ晴らしするだけの日々になります。

もし、妻が愛想を尽かして家を出てしまったり、気の合う男性と再婚でもすればオレサマは本物の挫折を経験するかもしれません。むしろそこからの人生のほうがオレサマを狭い縄張り意識から解放してくれるような気もします。

「この人は私がいないとダメになる」とか「一人にしたら惨めでみすぼらしい男になってしまう」と心優しい妻は案じるかもしれませんが、一度くらい大きな挫折を経験させたほうがオレサマにとってもいい人生のきっかけになるということは、妻も知っておいたほうがいいでしょう。もちろん、お互いが幸せになるための離婚です。

オレサマは自分の素顔を隠したがる

オレサマに苦しめられている人には「気楽なことばかり言われても」と思われたかもしれませんが、この本はオレサマとどう向き合えばいいか、どうその実害から逃れればいいのかというのが大事なテーマです。そのためにオレサマの心理やその時代背景を説明してきました。

この章ではわりと気楽なことを書いてきましたが、目の前にいれば大きな威圧感を与えるオレサマも、距離を置いて眺めればちっぽけで臆病な存在だということ、「この人もそれなりに大変だな」と気がつくだけで取り扱いにも余裕が出てくるのではと思って、あえて気楽な書き方をしてみました。

だからあなたにとっては何でもない人、いつも愛想良くて穏やかに見える人でも、別の誰かの前ではオレサマなのかもしれません。その誰かは周囲には苦しさをわかってもらえずに悩んでいるかもしれません。

そういう人がいたら、オレサマという存在は珍しくないこと、いまはたまたま近くにいるから被害者になっていることを教えてあげてください。

そしてもし可能ならときどきオレサマの前でその人に声を掛けてみてください。「元気？」とか「また一緒にご飯食べよう」という程度の短い言葉で充分です。オレサマが威圧する相手は限られています。そこに他人が入りこんだときや、大勢がいる前では大人しくしています。亭主オレサマも来客があるときは愛想がいいし、社長オレサマだって得意先が同席しているときには低姿勢だったりします。電車オレサマも空いていて周囲の目が届くときには大人しいものです。

そして目の前の弱者がいろいろな人間と繋がっていると気がつくだけで、オレサマは用心します。基本的にオレサマは自分を守ることで精一杯ですから、あまり敵を増やしたくないのです。
そういうことをどこか頭の隅にでも記憶しておいてください。

終章

自分がオレサマにならないために

いまの時代、油断すれば誰でもオレサマになってしまう

ここまでずっと、あなたを苦しめたり威圧し続けたりしているオレサマについて考えてきました。

つらい思いをしてきた人ほど、「なぜあんなに意地悪になれるんだろう」と不思議な気持ちになったことがあると思います。

「私も誰かについ、きつく当たってしまうことはあるけど、あそこまでひどくはない」

「ああいう人は特別な意地悪なんだから、たまたま当たってしまった私が、運が悪かったんだ」

そう考えて気を取り直そうとするかもしれません。

でも本文の中でも説明してきたように、いまの時代、誰でもオレサマになり得るし、

オレサマ化せざるを得ない背景があります。社会的な弱者が増え、閉塞感が広がり、自分を被害者と考える人が多くなると、何とかそこから抜け出したいと願います。けれどもこれだけ格差が広がって固定化してしまうと、弱者から抜け出すのは容易ではありません。その惨めさを忘れようと思えば、自分より弱い人間や同レベルの人間を叩いて勝利感を味わうしかなくなります。あるいはその場その場でとにかく勝ち続け、狭い領分や個性を守り抜いて安心するしかありません。

そこでも負けてしまったら、自分がいちばんの弱者に成り下がってしまいます。だからオレサマも必死にならざるを得ません。

オレサマに苦しめられた経験のあるあなたも、じつはオレサマに「こいつは叩きやすい」「こいつが邪魔くさい」と思われただけかもしれません。近くにいたのが、運が悪かったことになります。

そう受け止めればいくらか気を取り直すことができるかもしれませんが、一つ注意したいことがあります。これまではあえて言いませんでしたが、自分を強く見せたいとか認めてほしいという欲求（これは誰にでもあります）の強い人ほど、相手が同じように押しつけがましい態度を見せたときに張り合う気持ちが強くなります。「負けるものか」という気になり怒りもこみ上げてきます。オレサマの被害者にすれば悪いのは相手であって自分に非はないと思いたいものですが、自分の中にも被害者意識や弱者意識があれば、どうしても「こんな相手に威張られてたまるか」という怒りがこみ上げてくるのです。

つまりいまの世の中は誰でもオレサマ化しやすい時代です。あなたを苦しめるオレサマほどひどくなくても、もしかするとあなたにもオレサマの芽が潜んでいるかもしれません。

年齢やキャリアの後ろ盾が邪魔になるとき

わかりやすい例を挙げてみましょう。

職場やグループの中で、あなたの意見や判断にもし、あなたよりキャリアも浅くて年齢も下の人が反論してきたらどう感じますか。その反論に冷静に耳を貸すことはできますか？

「まだ何もわかってない相手なんだから、ちゃんと説明して教えてあげる」

「私も以前、同じような疑問を持っていたから、相手の気持ちがよくわかる。こういう人こそ、きちんと教えれば伸びていく」

たとえばそんなふうに先輩あるいは年長者として余裕を持って向き合うことができる人ならいいでしょう。

でももし、「何も知らないくせに」とか「私を軽く見ている」「口先ばかりの目立ちたがり屋だな」としか受け止めることができなくて、「黙って言われた通りにすればいいの！」と威圧するような態度を取ってしまうことがあるとすれば、それはあなたにもオレサマの芽があるということです。

それともう一つ、「説明してあげる」とか「教えれば伸びる」というのも思い上がりかもしれません。

いまの時代、価値観の多様化もあって、さまざまな立場や視点からの発想やアイディアが受け入れられるようになっています。年齢が若いからとか、男だから女だから、キャリアがあるからないからといった区別は逆にその発想の芽をつぶすことにもなりかねません。

つまり本人はどんなに威張っていても、オレサマの存在がビジネスやカルチャーの進化に邪魔になることだってあるのです。

先日観た『舟を編む』というドラマで、辞書の編集部に異動したばかりの若い女性が「恋愛」という言葉の説明の、「異性間で」という従来の解釈に疑問をぶつけるシーンがありました。「同性同士でも恋愛感情は生まれるのでは」という疑問ですが、長く辞書編纂《へんさん》に携わってきたベテランの男性社員たちはこの疑問にきちんと向き合い、いまの時代は同性間でも恋愛は成立するということを認めます。言葉はその時代によって意味が変わってくる、辞書はいつでもその時代の言葉の意味を正確に伝えるものでなければならないという信念があったのです。

気になって手元のいちばん新しい辞書（三省堂の『新明解国語辞典』）を開いてみると、「恋愛」という項目には「特定の相手に対して」という表現が使われていて、異性間とか男女間という表現はまったくありませんでした。こちらは2023年1月発行の第2刷になります。

ちなみに古い辞書はどうかというと、1998年11月発行（第1刷）の『広辞苑』（岩波書店）の「恋愛」には「男女が互いに」という説明ではっきりと異性間に生まれる感情と定義しています。ドラマのなかでは決してオレサマにならない男性たちが素敵でした。

誰もオレサマにならない世界がある

もう一つ、私たち自身のオレサマ化に気がついていただきたいのは、どこかで弱者を攻撃しているときです。

自己責任という言葉も、当然のことのように受け止めたり使われてしまうことがあります。たとえば生活保護を受けている人やまともな仕事に就けなくて風俗で働いている女性、あるいはホームレスの人や街中の障がい者に冷たい視線を向ける人が、これだけ格差が大きな社会になったのに、かつてより増えているような気がします。

会社勤めの人でも、成果主義になってしまうと強者は弱者なんか見向きもしません。自分の権利や領分、もっと言えば地位や報酬を確保することで精一杯です。そこで満足できなければ、より弱い人間、低位にいる人間を見下して自分を慰めるしかありません。

そこから抜け出すには、つまり自分がオレサマにならないためには、勝った負けたとかどっちが上か下かといった争いの世界から自由になることです。

自分が本当にやってみたいこと、実現したい計画や目標、あるいは趣味でも勉強でも大好きな分野で自分の夢に近づいていくことです。

この道のりは遠いかもしれません。でも好きな世界に足を踏み入れるだけなら、いまからでもできるはずです。

それができれば、もっと知りたいとか覚えたい、学びたいという気持ちが膨らんできます。小さな領分や、目の前の相手との勝ち負けにこだわるよりはるかに気持ちの弾んでくる毎日になるはずです。

誰かに愛されるとか認められるというのは簡単ではありませんが、少なくとも、自分が好きな世界に夢中になっている人はそれだけで周囲の人から羨《うらや》ましがられたり、好意を持ってもらうこともできます。

こういう閉塞的な時代だからこそ、私たちは息苦しさに悩まされています。目の前のことしか見ない人間になってしまいがちです。あなたが自分の好きな世界を追いかけて自由に生きることができれば、もうオレサマには手が出せないし、あなた自身、オレサマになることはないはずです。

おわりに

本書に最後までおつき合いいただきありがとうございました。

多少は、オレサマの人たちへの見る目が変わり、少しでも気分が楽になったでしょうか。

さて、本書のベースになったのは、私の精神科医としての経験はさることながら、アメリカ留学中から学び始め、長年（コロナ禍まで――いまでもオンラインで指導は受けています）、ロサンゼルスに通って、指導を受けたコフート学派の精神分析理論があります。

コフートの考え方では、人間というのは、自己愛（自分がすごいとか、特別だと思える心理）が満たされているときには、精神は安定するし、子どものころに自己愛が満たされていると健全に心理が発達、成長していくとされています。

ところが、この自己愛というのは、自己満足ではダメで、人が満たしてあげないといけないのです。

つまり、誰も褒めてくれない、相手にしてくれないと、自己愛が満たされず、イライラしたり、怒りの気持ちが芽生えたり、それが昂じてしまうのです。

とくに、実際にバカにされたり、バカにされていると感じるとものすごく激しい怒りが生じてしまうのです。これをコフートは自己愛憤怒と呼びました。

オレサマの態度に、悪意や憎しみが含まれ、それが棘《とげ》のようにこちらに刺さってくるのはこのような自己愛憤怒がベースにあるのではないかというのが私の推測です。

要するにオレサマは、ないがしろにされているとか、愛されていないとか、そういう欲求不満を抱えているのです。

コフートに言わせると、この手の怒りは相手にぶつけたり、相手を殴り飛ばしても、スッキリしません。その人の自己愛が満たされない限り、治まらないのです。

逆に言うと、その人が脚光を浴びたり、自分のことを本気で愛してくれる恋人が現れたりすると治まるのです。

オレサマに上手に対処するには、その相手の自己愛を満たす役回りを引き受ける覚悟がないと無理だということなのでしょう。しかも、一回こっきりでなく、ずっと相手の自己愛を満たし続けないといけないのです。

アメリカでは、精神分析のセラピストなどがその役回りを引き受けることがあります。とてもお金がかかるのですが、アメリカではオレサマ的な人が出世することが多いので、払えてしまう人が少なくないとのことです。

そんな無理をするより、本書で書かれているような形でその心理を知ったり、少し対処の参考にしていただいたほうが楽なのだろうと私は考えています。

彼らの心理を知っただけではあまり役に立たないと思われたかもしれませんが、これによって少しは気持ちが楽になるだけでなく、そういう人に悩まされている人の自己愛が傷つくことを避けることができれば、読者の方のメンタルヘルスに役立つと信じています。

普段、嫌な思いをしている人が、オレサマに自己愛を傷つけられ、自分まで心の状態が悪くなれば、元も子もないことなので、それを避けてほしいのです。

末筆にはなりますが、編集の労をとってくださった東京新聞事業局出版部の岩岡千景さんとやませみ工房の夏谷隆治さんにはこの場を借りて深謝いたします。

和田秀樹

〈著者略歴〉

和田秀樹　（わだ・ひでき）

1960年、大阪府生まれ。東京大学医学部卒業。精神科医。東京大学医学部附属病院精神神経科助手、米国カール・メニンガー精神医学校国際フェロー、高齢者専門の総合病院である浴風会病院の精神科を経て、現在、和田秀樹こころと体のクリニック院長。高齢者専門の精神科医として、30年以上にわたり高齢者医療の現場に携わっている。
主な著書に、『70代で死ぬ人、80代でも元気な人』（マガジンハウス新書）、『80歳の壁』（幻冬舎新書）、『70歳が老化の分かれ道』（詩想社新書）、『本当の人生』（PHP新書）『老いるが勝ち』（文春新書）などがある。

オレサマのトリセツ

2024年10月25日 第1刷発行

著　　　者　和田秀樹
発　行　者　岩岡千景
発　行　所　東京新聞
〒100－8505　東京都千代田区内幸町2－1－4
中日新聞東京本社
電話〔編集〕03－6910－2521
　　〔営業〕03－6910－2527
FAX　03－3595－4831

巻頭漫画・挿絵　田中美菜子
編集協力　やませみ工房
ブックデザイン　クロックワークヴィレッジ
写　　真　木戸佑
印刷・製本　株式会社シナノ パブリッシング プレス

ISBN978-4-8083-1107-0　C0036